Michael Hartmann

Der Weg zum KIT

Von der jahrzehntelangen Zusammenarbeit des Forschungszentrums Karlsruhe mit
der Universität Karlsruhe (TH) zur Gründung des Karlsruher Instituts für Technologie

Eine Darstellung nach den Aussagen von Zeitzeugen

Herausgegeben von Klaus Nippert

3

Veröffentlichungen aus dem Archiv des
Karlsruher Instituts für Technologie

Der Weg zum KIT

Von der jahrzehntelangen Zusammenarbeit
des Forschungszentrums Karlsruhe
mit der Universität Karlsruhe (TH)
zur Gründung des Karlsruher Instituts für Technologie

Eine Darstellung nach den Aussagen von Zeitzeugen

Von Michael Hartmann

Herausgegeben von Klaus Nippert

Satz
Heike Gerstner, SCC-PPM, KIT

Einband
Ismenia Keck, KIT Scientific Publishing

Die Fotos auf der Rückseite des Einbands sind dem Bestand
28010 Allgemeine Fotosammlung des KIT-Archivs entnommen.

Impressum

Karlsruher Institut für Technologie (KIT)
KIT Scientific Publishing
Straße am Forum 2
D-76131 Karlsruhe
www.ksp.kit.edu

KIT – Universität des Landes Baden-Württemberg und
nationales Forschungszentrum in der Helmholtz-Gemeinschaft

KIT Scientific Publishing 2013
Print on Demand

ISSN 2196-6001
ISBN 978-3-7315-0032-2

Inhalt

Geleitwort des KIT-Präsidenten Prof. Dr. Eberhard Umbach

Nach seiner Gründung im Jahr 2009 befindet sich das Karlsruher Institut für Technologie (KIT) noch immer in einer Phase der Entwicklung. Für die Fusion einer 1825 gegründeten Universität mit einem 1956 eingerichteten nationalen Großforschungszentrum sollte dies nicht überraschen, denn die beiden Vorgängerinstitutionen unterschieden sich in ihren Aufgaben, ihrer Trägerschaft sowie in ihren Organisationsformen und Arbeitsweisen. Das KIT sucht die größtmögliche Einheitlichkeit in einer Vielfalt, die von der Natur der zusammengegangenen Partner und den verfassungsmäßigen Rahmenbedingungen her erforderlich ist. Dieser Angleichungsprozess wird das KIT noch für einige Zeit beschäftigen. Für alle, die sich ein zutreffendes Bild vom KIT machen wollen, erzeugt dies einen besonderen Orientierungsbedarf. Der vorliegende Band bietet hier eine Hilfe. Einerseits werden mit dem Blick in die Geschichte die unterschiedlichen Identitäten der im KIT zusammengeführten Partner und damit die vorhandene Vielfalt verständlich. Zum anderen zeigt der Blick auf die jahrzehntelange Zusammenarbeit zwischen dem Forschungszentrum und der Universität Karlsruhe, dass die für manche überraschende Fusion eine Vorgeschichte hat, mit der nicht allein die für ein Zusammengehen nötigen Kontakte, sondern auch ein über den gegenseitigen Nutzen hinausgehendes Bewusstsein für die Potenziale des Zusammenschlusses entstanden. Die KIT-Idee war nicht nur ein origineller und mutiger Neuansatz zur Überwindung von zunehmend als hinderlich empfundenen Trennlinien in Forschung, Lehre und Verwaltung, sie wurzelte auch in einer unmittelbar bei der Gründung des Forschungszentrums begonnenen Zusammenarbeit mit der Universität Karlsruhe. Ich empfehle die Lektüre allen, die mit dem KIT zu tun haben oder von seinem spannenden Weg lernen wollen. Und das gilt nicht allein für jene, die über das KIT sprechen und schreiben und für das KIT entscheiden. Genauso empfehle ich diesen Band den Mitarbeiterinnen und Mitarbeitern des KIT und damit all denen, die zusammen die tägliche Arbeitslast auf dem Weg zur Integration der zusammengeführten Partner zu bewältigen haben. Die Darstellung der gemeinsamen Geschichte von Forschungszentrum und Universität vermittelt nicht allein den Sinn und die Zielsetzung unseres Vorhabens. Sie macht auch deutlich, dass die Dinge immer im Fluss bleiben und dass stets unkonventionelle Ideen, Mut zu deren Umsetzung und neue Einsatzbereitschaft für den Erfolg der gesamten Institution gebraucht werden.

Eberhard Umbach

Geleitwort des Stellvertretenden Vorstandsvorsitzenden a.D. des Forschungszentrums Karlsruhe Prof. Dr. Hellmut Wagner

> *Nur wer die Vergangenheit kennt, hat eine Zukunft*
> Wilhelm von Humboldt zugeschrieben

Ein schon grauhaarig gewordener Zeitzeuge der Zusammenarbeit zwischen Universität Karlsruhe und Forschungszentrum Karlsruhe (FZK) stellte aus Anlass der Vorbereitung eines Vortrags fest: Über diese Zusammenarbeit gibt es wenig Geschriebenes; sie vollzog sich im Handeln, vielfach über und durch Personen, nicht durch Organisationen. Wertvolles Wissen – über das Anekdotische hinausgehend – ist mit den Akteuren aus der Gründerzeit des FZK schon in das Grab gesunken. In Veröffentlichungen der Universität und des FZK ist diese Zusammenarbeit überraschenderweise entweder gar nicht, sehr kurz oder unzutreffend dargestellt. Auch in den publizierten Erinnerungen von Karl Wirtz („Im Umkreis der Physik") und von Erwin Willy Becker („Zwischen Universität und Forschungszentrum") findet sich über dieses Thema erstaunlich wenig.

Aus diesem Defizit erwuchs das Vorhaben, die noch greifbaren Zeugnisse der Zusammenarbeit von Universität und FZK als Teile einer Vorgeschichte des Karlsruher Instituts für Technologie (KIT) festzuhalten.

Die interviewten Zeitzeugen können mit ihren Aussagen natürlich kein Gesamtbild zeichnen. Schon ihre begrenzte Zahl bedingt eine Einschränkung in den Themen und im Zeitraum des Erinnerten. So ist zum Beispiel die Materialforschung (Institut für Materialforschung I bis III des FZK) als Themengebiet zu kurz gekommen. Auch die Radiochemie – lange Zeit verkörpert in der Person des Institutsleiters im FZK und Ordinarius für Radiochemie an der Fridericiana Prof. Dr. Walter Seelmann-Eggebert – musste weitgehend unerwähnt bleiben. Naturgemäß geben die Interviewpartner persönliche Eindrücke und ihre eigene Sicht der Dinge wieder; sie können daher nur einen Teil der damaligen Wirklichkeit und nur einen Ausschnitt aus der gewachsenen, in den einzelnen Fachgebieten unterschiedlichen Dichte der Zusammenarbeit beschreiben. Bestimmte Themen und Zeitabschnitte können schon deshalb nicht mehr betrachtet werden, weil die Zeitzeugen nicht mehr leben oder aus anderen Gründen nicht mehr erreichbar waren.

Das Projekt füllt eine Lücke der schriftlichen Überlieferung aus: Vieles, ja häufig das Wichtigste ist nicht förmlich dokumentiert worden. So sind beispielsweise die Protokolle der gemeinsamen Sitzungen von Vorstand des FZK und Rektorat der Universität von einer gewissen Kargheit.

Die institutionengeschichtlichen Betrachtungen und die zum Teil sehr lebendigen, persönlich gehaltenen Schilderungen der Zusammenarbeit können der entstehenden „Unternehmenskultur" des KIT vielleicht zusätzlich Leben einhauchen und wenigstens zum Teil unterschiedliche Mentalitäten zusammenführen, die aus unterschiedlichen Aufgaben und aus einer unterschiedlichen Geschichte herrühren. Die Arbeit von Hartmann kann damit einen identitätsstiftenden Beitrag leisten. Das vorliegende Bändchen trägt in jedem Falle dazu bei, dass das KIT nicht für einen bestimmten Abschnitt in der Geschichte seiner Vorgängerinstitutionen das Gedächtnis verliert. Denn das KIT ist weder die Fortsetzung der guten, alten „Fridericiana" mit einer um das FZK erweiterten zusätzlichen Forschungsabteilung noch ein größer gewordenes Forschungszentrum mit einer angeschlossenen Lehranstalt, sondern ein Corpus sui generis mit dem Anspruch auf Exzellenz in Forschung, Lehre und Innovation.

Das Projekt der Zeitzeugenbefragung wurde an dem im Jahr 2009 aus dem Universitätsarchiv hervorgegangenen KIT-Archiv ausgeführt. Die Arbeit wurde nicht in erster Linie deshalb in Angriff genommen, weil das Archiv nach dem für das KIT geltenden Landesarchivgesetz Zeugnisse der Vergangenheit sammeln und erhalten muss. Gleichwohl kann diese gesetzliche Verpflichtung den Anstoß geben, die im Universitätsbereich und im Großforschungsbereich vorhandenen Dokumente der Geschichte in einem einheitlichen KIT-Archiv – das seinen Namen verdient – zusammenzuführen.

Den Zeitzeugen, die so aussagebereit waren, ist herzlich zu danken. Mit ihrer Hilfe werden Kenntnisse und Erfahrungen gesichert, die sonst mit den handelnden Personen verloren gehen würden. Ohne die Hilfe des KIT-Präsidiums und die Unterstützung des Vereins der Freunde des Forschungszentrums Karlsruhe sowie der Karlsruher Universitätsgesellschaft wäre diese Dokumentation zur Vorgeschichte des KIT nicht möglich gewesen. Ein besonderer Dank gilt auch dem KIT-Archivar, Herrn Dr. Nippert, der das Projekt intensiv betreut und sehr sachkundig begleitet hat.

Es ist völlig wahr, was die Philosophie sagt, daß das Leben rücklings verstanden werden müsse. Aber darüber vergißt man den andern Satz, daß es vorlings gelebt werden muß.

Sören Kierkegaard, Tagebuch JJ, IV A 164, übers. v. H. Gerdes

Hellmut Wagner

1. Einleitung

Braucht das erst wenige Jahre alte Karlsruher Institut für Technologie bereits eine Entstehungsgeschichte? Was soll Lehrreiches und Interessantes zu berichten sein von einer Institution, die gerade erst entsteht? Die Zukunftsvisionen müssen nun in die Wirklichkeit überführt werden, und in dieser Phase bleibt wenig Zeit für eine gelassene Rückschau. Gleichzeitig droht aber ein Verlust von Wissen über wesentliche Grundlagen der Fusion des Forschungszentrums Karlsruhe mit der Universität Karlsruhe (TH). Der Wert dieser Kenntnisse erschöpft sich nicht in der Geschichtspflege. Mit dem hier publizierten Wissen um die jahrzehntelange Anbahnung der als KIT-Prozess bezeichneten Fusion vervollständigt sich das Bild dieses stark beachteten und diskutierten Vorhabens um einen für die kompetente Beurteilung unverzichtbaren Aspekt.

Dieses Buch berichtet von der Gründung des Karlsruher Instituts für Technologie als der Geschichte zweier Einrichtungen, deren Zusammenarbeit vor Jahrzehnten mit einer Partnerschaft begann und schließlich zur institutionellen Verschmelzung führte. Die Darstellung setzt also nicht erst beim KIT-Prozess ein, sondern mit dem Beginn der Kooperation in der Mitte der 1950er Jahre. Seit dieser Zeit entwickelte sich das *Karlsruher Modell* der Zusammenarbeit zwischen Hochschule und staatlicher Großforschung, das den neuen Zusammenschluss zum KIT mitgeprägt hat.

Über diesen jahrzehntelangen, keineswegs zwangsläufigen Weg zum KIT wird mit der Hilfe derer berichtet, die ihn gegangen sind. Zeitzeugeninterviews geben neue und lebendige Einblicke, die aus der Aktenüberlieferung nicht zu gewinnen sind. Die mit dem Ansatz der Zeitzeugenbefragung gewonnenen Quellen sind eine substanzielle Ergänzung der schriftlichen Zeugnisse. Die Aussagen der Interviewteilnehmer liefern nicht nur sehr persönliche Erkenntnisse, sie ermöglichen auch, Grundströmungen auf dem Weg zum KIT zu erkennen. Durch die gemeinsame Auswertung von persönlichen Berichten und Schriftquellen wird das Bild von der hier betrachteten Entwicklung wesentlich deutlicher.

Die Darstellung schöpft aus den Ergebnissen eines Interviewprojekts, das am KIT-Archiv in den Jahren 2009 und 2010 ausgeführt wurde. Ziel des Vorhabens war es insbesondere, jenes persönliche Wissen zu bewahren, das mit der Zeit unweigerlich verloren geht. Warum spielt dieser Aspekt des persönlichen Erlebens und Erinnerns, der bei einer Zeitzeugenbefragung im Vordergrund steht, für die Geschichte des KIT eine so herausragende Rolle, dass der Aufwand für die Interviews angebracht war?

Betrachtet man die Zusammenarbeit von Forschungszentrum und Universität vor der Gründung des KIT, so fällt schnell auf, dass wesentliche Merkmale der neuen Institution zunächst auf persönlicher Ebene und informell zwischen Institutsleitern und Professoren vereinbart wurden, um sich dann in der Praxis auszuformen. Solche Entwicklungen können anhand der Akten nur teilweise nachgezeichnet werden. Der „kurze Dienstweg" zwischen den noch getrennten Institutionen ist vor allem durch Interviews mit den Protagonisten nachzuvollziehen und weniger in seinem schriftlichen Niederschlag. Die Verwendung von Interviewzitaten in der folgenden Darstellung soll den Leser nicht nur vom Eigenwert der Zeitzeugenaussagen überzeugen, sondern auch eine kurzweiligere Lektüre bieten. Mit dieser Absicht werden die Zitate ganz bewusst in einer dem mündlichen Ausdruck noch sehr nahen Form wiedergegeben.

Die Methode der Zeitzeugenbefragung bietet deutlich mehr Eindrücke und Erkenntnisse, als im Rahmen einer Publikation verarbeitet werden können. Es lag im Interesse des Verfassers, aus der Fülle der in den Interviews aufscheinenden Aspekte ein zutreffendes Bild der Zusammenarbeit von Forschungszentrum und Universität zu zeichnen. Ganz gleich, ob es sich bei dem Zeitzeugen um einen Emeritus handelte, der auf eine erfolgreiche Forscherkarriere zurückblicken konnte, oder um einen Nachwuchswissenschaftler, der von Anfang an am KIT-Prozess mitgewirkt hat: Für jeden Einblick in das Wirken und Erleben der Interviewpartner sowie für ihr Vertrauen sei hier herzlich gedankt.

2. Name und Gestalt – Die institutionelle Entwicklung von Universität und Forschungszentrum

Die Fusion zum Karlsruher Institut für Technologie ist der markanteste Einschnitt in der Entwicklung von Forschungszentrum und Universität. Jedoch hatten beide Einrichtungen schon vor ihrem Zusammenschluss eine wechselhafte Geschichte, in der sich sowohl die Namen beider Einrichtungen als auch ihr Charakter änderten. Naturwissenschaften und Technik sind durch schnelle Wandlungsprozesse geprägt. Die damit verbundenen Entwicklungen können den Charakter der auf diesen Gebieten arbeitenden Institutionen verändern, bevor dieser angemessen im Namen abgebildet ist. Für die hier betrachteten Einrichtungen gilt dies in einem solchen Maß, dass eine grundlegende Orientierung unerlässlich ist. Wie waren die Universität und das Forschungszentrum entstanden, und wie wurden sie zu den Kandidaten des KIT-Projekts?

2.1 Die Universität

Die Universität geht zurück auf die seit 1825 in Karlsruhe bestehende Polytechnische Schule.[1] Dem Impuls der 1794 gegründeten Pariser *École Polytechnique* folgend, wurde im ersten Drittel des 19. Jahrhunderts eine Reihe von technischen Lehranstalten im deutschen Sprachraum eingerichtet. Anders als die der Ausbildung für den Staat und insbesondere das Militär gewidmete Schule in Paris sollten diese Anstalten nicht allein Staatsdiener, sondern auch gerade das für Industriebetriebe dringend benötigte technische Personal heranziehen. Das Karlsruher Polytechnikum folgte auf die Gründungen von Prag im Jahr 1805 und Wien im Jahr 1815. Während diese beiden Vorgänger von vornherein Stätten einer abschließenden Ausbildung waren, griff man in Karlsruhe insoweit auf das Konzept der École zurück, als man

---

[1] Literatur in Auswahl: Lang, Heinrich: Geschichte der Gründung der Technischen Hochschule, in: Festgabe zum Jubiläum der vierzigjährigen Regierung des Grossherzogs Friedrich I. von Baden, hg. v. d. Technischen Hochschule Karlsruhe, 1892, S. 267-289; (Anon.): Entwicklung der Technischen Hochschule von der Gründung bis zur Gegenwart, 1825-1892, in: ebd., S. VII-XCII; Die Technische Hochschule Fridericiana Karlsruhe. Festschrift zur 125-Jahrfeier, hg. unter d. Rektorat v. Ernst Terres, 1950; Hotz, Joachim: Kleine Geschichte der Universität Fridericiana zu Karlsruhe (Technische Hochschule), hg. v. Rektor und Senat der Universität Karlsruhe (Technische Hochschule), 1975; Neumeier, Gerhard: Vom Polytechnikum zur Universität (TH), in: Die Technische Universität an der Schwelle zum 21. Jahrhundert. Festschrift zum 175jährigen Jubiläum der Universität Karlsruhe (TH), hg v. Heinz Kunle u. Stefan Fuchs, 2000, S. 11-61; Hoepke, Klaus-Peter: Geschichte der Fridericiana. Stationen in der Geschichte der Universität Karlsruhe (TH) von der Gründung 1825 bis zum Jahr 2000, hg. v. Günther Grünthal, Klaus Nippert u. Peter Steinbach, 2007 (= Veröffentlichungen aus dem Universitätsarchiv Karlsruhe 1).

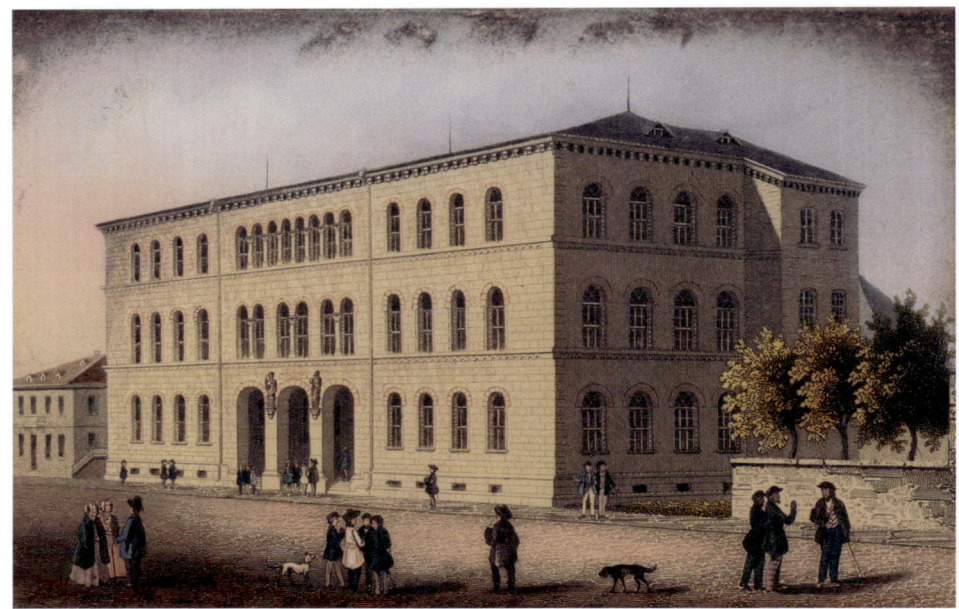

Abb. 1. Das 1836 errichtete Gebäude der Polytechnischen Schule in der Kaiserstraße, heute Westflügel des Hauptgebäudes auf dem KIT-Campus Süd, Farblithografie um 1840.

die Polytechnische Schule zu einem wesentlichen Teil zur Vorstufe für zwei am Ort vorhandene Bildungsanstalten machte. Bei diesen handelte es sich zum einen um die 1768 als architektonische Zeichenschule gegründete und von Friedrich Weinbrenner (*1766, †1826) geleitete Bauschule, zum anderen um die 1807 gegründete Ingenieurschule unter der Leitung des Rheinbegradigers Johann Gottfried Tulla (*1770, †1828).

Der 1825 unter dem Direktorat Gustav Friedrich Wucherers in einem Nebengebäude der Karlsruher Stadtkirche begonnene polytechnische Unterricht war nur ansatzweise nach Studiengängen differenziert. Dies änderte sich grundlegend mit der 1832 durch den badischen Staatsrat Carl Friedrich Nebenius vollzogenen Reform. Nebenius teilte die Polytechnische Schule in zwei mathematische Vorbereitungsklassen sowie fünf als Fachschulen bezeichnete Abteilungen ein. Hierzu wurden die bis dahin selbstständigen Anstalten der Bauschule und Ingenieurschule dem Polytechnikum eingegliedert. Die inkorporierten Schulen bildeten die Grundlage der beiden Fakultäten für Architektur und Bauingenieurwesen (letztere heute: Fakultät für Bauingenieur-, Geo- und Umweltwissenschaften). Neu eingeführt wurden mit der Reform als weitere Fachschulen innerhalb des Polytechnikums die *Forstschule*, die *Handelsschule* und die *Höhere Gewerbeschule*, von denen die zuletzt genannte den

Abb. 2. Ferdinand Redtenbacher (*1809, †1863), Prof. für Maschinenbau an der Polytechnischen Schule Karlsruhe, Aufnahme um 1860.

Abb. 3. Carl Weltzien (*1813, †1870), Prof. für Chemie an der Polytechnischen Schule Karlsruhe, Portraitgemälde um 1860.

industriellen Bedarf an Führungskräften bedienen sollte. Von dieser Struktur bedurfte es nur noch eines wesentlichen Schrittes bis zur Prägung der für Technische Hochschulen um 1900 typischen Fächerpentade von Architektur (Bauschule), Bauingenieurwesen (Ingenieurschule), Chemie, Maschinenbau und Mathematik. In Karlsruhe geschah dies 1847 durch die Aufspaltung der Höheren Gewerbeschule in eine Chemisch-Technische und eine Mechanisch-Technische Schule. Herausragende Protagonisten dieser Entwicklung waren Ferdinand Redtenbacher und Carl Weltzien. Redtenbacher entwickelte in Karlsruhe den wissenschaftlichen Maschinenbau zu einem eigenständigen Lehrfach und wirkte mit der von ihm geleiteten Maschinenbauschule als Schülermagnet auf ganz Europa und darüber hinaus. Weltzien führte die Karlsruher Chemie auf Universitätsniveau und erreichte 1851 den Bau eines mustergültigen chemischen Instituts. Der 1860 in Karlsruhe abgehaltene erste Weltkongress der Chemie gab den Anstoß zur Aufstellung des Periodensystems der Elemente durch Dimitrij Mendeleiev und den Karlsruher Chemiker Lothar Meyer.

Der Gründungsdirektor des *Massachusetts Institute of Technology* William Barton Rogers bezeichnete die Polytechnische Schule Karlsruhe 1864 als „the model school of Germany and perhaps of Europe".[2] In der Tat übernahmen führende Polytechnika wesentliche Merkmale der Karlsruher Anstalt.[3] Das Eidgenössische Polytechnikum in Zürich entstand 1855 nach Karlsruher

---

[2] Life and Letters of William Barton Rogers, hg. v. Emma Rogers, Bd. 2, 1896, S. 217.

Muster, wenn auch deutlich großzügiger eingerichtet. Die älteren Schulen in Prag und Wien wurden nach dem Ende der Ära Metternich in Anlehnung an die Vorbilder in Karlsruhe und Zürich reformiert. Auch das 1745 in Braunschweig gegründete *Collegium Carolinum* sowie die seit den späten 1820er Jahren in Stuttgart und München bestehenden Anstalten orientierten sich an der Karlsruher Organisationsform. Nachdem Preußen über Jahrzehnte auf eine getrennte Technikerausbildung für den Staatsdienst und die Privatwirtschaft gesetzt hatte, wandte man sich auch dort mit der 1870 erfolgten Gründung der Polytechnischen Schule Aachen dem neuen Typ zu.

Forderungen nach einem Hochschulstatus der Polytechnischen Schulen waren schon vor der Mitte des 19. Jahrhunderts aufgekommen. Ein Schritt in diese Richtung war das 1865 der Polytechnischen Schule Karlsruhe verliehene neue Statut. Dieses führte, nach Züricher Vorbild, die Möglichkeit von Qualifikationsnachweisen in Form von Abschlussprüfungen ein und definierte: „Die polytechnische Schule ist eine technische Hochschule […]"[4], wenngleich die Anstalt nach außen immer noch als Polytechnische Schule firmierte. Ein Programm zur weiteren Angleichung der Polytechnika an die Universitäten entwickelte Redtenbachers Nachfolger Franz Grashof in seiner Eigenschaft als Gründungsvorsitzender des *Vereins Deutscher Ingenieure*.[5]

Mit der Gründung der von Anfang an als Technische Hochschule bezeichneten Anstalt in Charlottenburg gab Preußen den technischen Bildungsstätten im Jahr 1879 ein neues Flaggschiff.[6] In Karlsruhe gebrauchte man die im Statut von 1865 bestimmte Definition Technische Hochschule ab 1885 auch

---

[3] Literatur in Auswahl: Schnabel, Franz: Die Anfänge des technischen Hochschulwesens, in: Festschrift anläßlich des 100jährigen Bestehens der Technischen Hochschule Fridericiana zu Karlsruhe, 1925, S. 1-44; Scholl, Lars U.: Die Entstehung der Technischen Hochschulen in Deutschland, in: Handbuch Schule und Unterricht, Bd. 7,2: Gesellschaft, Umwelt, Schule und Unterricht als Feld interdisziplinärer Forschung, hg. v. W. Twellmann, 1985, S. 700-715; König, Wolfgang: Technical education and industrial performance in Germany: a triumph of heterogeneity, in: Education, technology and industrial Performance in Europe, hg. v. Robert Fox u. Anna Guagnini, 1850-1939, 1993, S. 65-87; Albrecht, Helmut: Technische Bildung zwischen Wissenschaft und Praxis. Die Technische Hochschule Braunschweig 1862-1914, Diss. Univ. Tübingen, 1987 (Veröffentlichungen der Technischen Universität Carolo-Wilhelmina zu Braunschweig 1); Borst, Otto: Schule des Schwabenlands. Geschichte der Universität Stuttgart, 1979; Düwell, Kurt: Gründung und Entwicklung der Rheinisch-Westfälischen Technischen Hochschule Aachen bis zu ihrem Neuaufbau nach dem Zweiten Weltkrieg. Darstellung und Dokumente, in: Rheinisch-Westfälische Technische Hochschule Aachen 1870/1970, hg. v. Hans Martin Klinkenberg, Bd. 1, 1970, S. 19-176; Guggenbühl, Gottfried: Geschichte der Eidgenössischen Technischen Hochschule in Zürich. Im Überblick dargestellt, in: Eidgenössische Technische Hochschule 1855-1955. École Polytechnique Fédérale, 1955, S. 1-257; Die deutsche technische Hochschule in Prag 1806-1906. Festschrift zur Hundertjahrfeier, hg. v. Franz Stark, 1906; Die k.k. Technische Hochschule in Wien 1815-1915. Gedenkschrift, hg. v. Professorenkollegium, redigiert v. Joseph Neuwirth, 1915; Pabst, Martin: Technische Universität München – Geschichte eines Wissenschaftsunternehmens, Bd. 1, 2006.

Abb. 4. Glanzpunkt des Ausbaus um 1900: Die in das Gebäude der Architekturabteilung integrierte Aula der Technischen Hochschule, Aufnahme um 1900.

als offiziellen Namen. Die Verleihung des Promotionsrechts an alle preußischen Technischen Hochschulen im Jahr 1899 und die zeitgleiche Einführung des akademischen Grades *Diplom-Ingenieur*, begleitet durch die Verleihung universitärer Attribute wie Amtsketten und Magnifizenz-Titel für die Rektoren, führte diese Entwicklung zum Abschluss. In den Ländern des Deutschen Reiches sowie an den übrigen deutschsprachigen Technischen Hochschulen wurden diese Veränderungen mit erstaunlicher Geschwindigkeit und Detailtreue nachvollzogen. Die Technische Hochschule Karlsruhe erhielt das Promotionsrecht zum Jahresende 1899, die erste Promotion zum *Doktor-Ingenieur* folgte 1901.[7]

Um das Jahr 1900 befand sich die Technische Hochschule Karlsruhe in einem Kreis weitgehend identisch gestalteter Bildungseinrichtungen, die den traditionellen Universitäten formal gleichgestellt waren.[8] Zugleich unterschied sie sich mit der technischen Fächerpentade von Architektur, Bauingenieurwesen,

---

[4] Organisationsstatut der polytechnischen Schule, 20.01.1865, in: Großherzoglich Badisches Regierungs-Blatt, 20.02.1865, S. 85-92, hier S. 86.

[5] Grashof, Franz: Ueber die der Organisation von polytechnischen Schulen zu Grunde zu legenden Principien, in: Zeitschrift des Vereines Deutscher Ingenieure 8 (1864), Sp. 591-616.

[6] Rürup, Reinhard: Die Technische Universität Berlin 1879-1979. Grundzüge und Probleme ihrer Geschichte, in: Wissenschaft und Gesellschaft. Beiträge zur Geschichte der Technischen Universität Berlin 1879-1979, hg. v. Reinhard Rürup, Bd. 1, 1979, S. 3-47.

[7] Manegold, Karl-Heinz: Universität, Technische Hochschule und Industrie. Ein Beitrag zur Emanzipation der Technik im 19. Jahrhundert unter besonderer Berücksichtigung der Bestrebungen Felix Kleins. Berlin 1970 (= Schriften zur Wirtschafts- und Sozialgeschichte 16); König, Wolfgang: 100 Jahre „Dr.-Ing.". Ein „Ritterschlag der Wissenschaft". Das Promotionsrecht der Technischen Hochschulen und der VDI Verein Deutscher Ingenieure. Festschrift des VDI zum 100-jährigen Jubiläum der Verleihung des Promotionsrechts durch den preußischen König Wilhelm II. im Jahre 1899, 1999.

[8] Das Unterrichtswesen im Deutschen Reich. Aus Anlaß der Weltausstellung von St. Louis hg. v. W. Lexis, Band 4: Das Technische Unterrichtswesen, 1904.

Chemie, Maschinenbau und Mathematik ganz deutlich vom traditionellen Kanon der universitären Fakultäten für Theologie, Rechtswissenschaft, Medizin und Philosophie. Die Karlsruher Vorbildfunktion der 1830er bis 1860er Jahre gehörte freilich der Vergangenheit an. Jüngere und größere Anstalten gaben nun den Ton an, getragen durch die Finanzkraft der sie unterhaltenden Länder. Jedoch gelang es unter der Regierung Großherzog Friedrich I., mit einem beeindruckenden Bauprogramm auf die gestiegenen Ansprüche adäquat zu reagieren: Im Herbst 1899 erfolgte die Einweihung eines Neubaus der Architekturabteilung mit prachtvoller Aula, des Elektrotechnischen Instituts sowie des Botanischen Instituts. Wenig später folgten ein großzügiger Neubau des Chemischen Instituts und ein Maschinenlaboratorium. Mit dieser Ausstattung konnte die Technische Hochschule Karlsruhe – ab 1902 nach ihrem großherzoglichen Förderer auch als die *Fridericiana* bezeichnet – die in den Jahren von 1883 bis 1893 zwischen ca. 300 und ca. 860 liegende Zahl ihrer Studierenden deutlich erhöhen. Im ersten Jahrzehnt des 20. Jahrhunderts waren hier zwischen 1.200 und 1.600 Studierende eingeschrieben.

Der Erste Weltkrieg markiert auch in der Geschichte der Fridericiana eine Zäsur. Mit dem Versailler Frieden wurde die Karlsruher Region zu einem Grenzraum, was in dieser Zeit mit gravierenden Nachteilen verbunden war. Die eingeschränkte Finanzlage der Republik Baden zwang die Technische Hochschule zur Suche nach weiteren Geldgebern. Bis 1930 gelang es, die Bauingenieurabteilung mit repräsentativen Neubauten zu versehen und die Attraktivität der Hochschule mit einem vor allem aus Spenden finanzierten Studentenhaus und großzügigen Sportanlagen zu erhöhen.

Bereits vor der Machtübernahme der Nationalsozialisten artikulierten sich in der Studentenschaft radikale Tendenzen. Die „Gleichschaltung" der Hochschulleitung sowie die politisch und antisemitisch motivierte Entlassung von einem knappen Viertel der ordentlichen Professoren und einem Achtel des gesamten Lehrkörpers bewirkten auch einen Verlust an wissenschaftlichem Niveau.[9] Bis zum Beginn des Zweiten Weltkriegs sank die Zahl der Studierenden auf unter 600. Im Krieg wurde ein großer Teil der Hochschulgebäude zerstört. Vor diesem Hintergrund erwogen die Besatzer eine Schließung der Fridericiana oder ihre Zusammenlegung mit einer anderen Hochschule. Jedoch erreichte der Maschinenbauprofessor Rudolf Plank als erster Nachkriegsrektor die feierliche Wiedereröffnung zum 1. Februar 1946. Der Wiederaufbau begann in einer komprimierten Organisationsform, mit der man die früheren Abteilungen (ab 1937 bezeichnet als Fakultäten) zunächst in drei Großfakul-

---

[9] Seidl, Tobias: Personelle Säuberungen an der Technischen Hochschule Karlsruhe 1933-1937, in: Zeitschrift für die Geschichte des Oberrheins 157 (N.F. 118) (2009), S. 429-492.

Abb. 5. Kriegsversehrte am Gefallenendenk-mal im Ehrenhof der Technischen Hoch-schule Karlsruhe, im Hintergrund das zerstörte Chemische Institut, Aufnahme um 1947.

täten zusammenfasste. Getragen von der Dynamik des Wiederaufbaus in der Bundesrepublik und der daraus resultierenden Nachfrage nach Ingenieuren erhöhte sich die Zahl der Studierenden bis 1952 auf rund 4.000. Neben der Wiederherstellung des Gewesenen begann in dieser Zeit mit der Errichtung des heute nach dem Physiker Christian Gerthsen benannten Hörsaalgebäu-des eine Erweiterung der Karlsruher Hochschule, die vor allem vom Land Baden-Württemberg getragen wurde. Es folgten das Physikhochhaus, der Aufbau der Elektronenmikroskopie und die Entwicklung der Informatik. Die 1960er Jahre standen im Zeichen eines allgemeinen, durch die Empfehlun-gen des Wissenschaftsrats initiierten Ausbaus der westdeutschen Hochschu-len. Auch an der Technischen Hochschule Karlsruhe schlug sich dies in einer Erhöhung der Kapazitäten nieder. Die Studierendenzahl stieg bis 1962 auf rund 6.000. Strukturelle Bereicherungen waren insbesondere die Zunahme der wirtschaftswissenschaftlichen Lehrstühle und der Ausbau der Geistes-wissenschaften. Die in dieser Zeit entstandene Karlsruher Schule der Tech-nikphilosophie, angestoßen durch den Diskurs des Philosophen Simon Moser mit dem Computerwissenschaftler Karl Steinbuch, zeugt vom geistigen Er-

[10] Nippert, Klaus: Zur Gründung der Karlsruher Fakultät für Informatik, in: Zur Geschichte der Karls-ruher Fakultät für Informatik, hg. v. dems., 2007 (= Veröffentlichungen aus dem Universitätsarchiv Karlsruhe 2), S. 7-70.

Abb. 6. Erweiterungen nach dem Krieg: Das Physikhochhaus mit zugehörigem Flachbau, errichtet 1968, links im Vordergrund der Gerthsen-Hörsaal, errichtet 1956, im Hintergrund das Institut für Nachrichtenverarbeitung und Nachrichtenübertragung, errichtet 1961, Aufnahme um 1970.

trag des intensivierten Miteinanders von Natur- und Geisteswissenschaften. Auch die frühen Anstrengungen zur Erschließung des neuen Arbeitsgebiets der Informatik zahlten sich aus. Im Oktober 1972 wurde in Karlsruhe die erste als *Fakultät für Informatik* bezeichnete Einheit für Forschung und Lehre an einer deutschen Hochschule gegründet.[10] Zusammen mit der zeitgleichen Gründung der *Fakultät für Wirtschaftswissenschaften* markierte dies einen vorläufigen Höhepunkt der Fächerdifferenzierung. Die seit 1967 als *Universität Karlsruhe (TH)* firmierende Hochschule verfügte nun über insgesamt zwölf Fakultäten (Mathematik, Physik, Chemie, Bio- und Geowissenschaften, Geistes- und Sozialwissenschaften, Architektur, Bauingenieur- und Vermessungswesen, Maschinenbau, Chemieingenieurwesen, Elektrotechnik, Informatik, Wirtschaftswissenschaften).[11] Der Namenswechsel von 1967 ist als Balanceakt zu verstehen: Einerseits trägt die Bezeichnung der durch den Ausbau der Naturwissenschaften und die hinzugekommenen Lehramtsstudiengänge gewachsenen Ähnlichkeit mit den traditionellen Universitäten Rechnung. Andererseits betont der in Klammern gefasste Nachsatz *TH* den ingenieurwissenschaftlichen Schwerpunkt. Die nun gefundene Form war tragfähig genug, um zwischen 1970 und 2005 den Anstieg der Studentenzahlen von rund 10.000 auf 18.000 zu meistern.

[11] Zitzelsberger, Wulf: Universität Karlsruhe (TH). Bilder, Texte, Zahlen, [1972]. Darstellungen der einzelnen Fakultäten für diese Zeit in: Fridericiana. Zeitschrift der Universität Karlsruhe (TH) 16/17 (1975).

Die weitere Entwicklung der Universität bis zu ihrer Fusion mit dem Forschungszentrum Karlsruhe ist durch eine qualitative Differenzierung bestimmt. Aus einer Reihe bemerkenswerter Entwicklungen können hier nur einige herausgegriffen werden. Die Gründung eines *Forschungszentrums Umwelt* markierte auch nach außen sichtbar die sich über die Grenzen der Fächer und Fakultäten vollziehende Orientierung auf Fragen des nachhaltigen Umgangs mit Naturressourcen. Internationale Bezüge wurden in vielfältiger Weise gestärkt, angefangen mit den Partnerschaften zum Institut National des Sciences Appliquées in Nancy und zur Technischen Universität Budapest, über die Gründung des oberrheinischen Hochschulverbunds EUCOR bis zur Partnerschaft mit der Technischen Universität Kunming in China. Mit der Entwicklung des Diplomstudiengangs für Wirtschaftsingenieure schuf sich die Universität im Bereich der Lehre eine weitere Profilspitze. Der Technologietransfer in die Wirtschaft wurde ab dem Ende der 1970er Jahre nachdrücklich gefördert. Eine besonders markante Ausprägung hiervon ist seit 1986 das *Forschungszentrum Informatik*, in dem Angehörige der Universität neueste Entwicklungen ihres Fachs in Kooperationen mit Unternehmen zur praktischen Anwendung bringen können.

Universitätsbereich			
1825-1885	**1885-1967**	**1902**	**1967-2009**
Polytechnische Schule	Technische Hochschule	Fridericiana (offizieller Beiname)	Universität Karlsruhe (TH)

Großforschungsbereich					
1956-1963	**1959**	**1963-1978**	**1978-1995**	**1995-2005**	**2005-2009**
Kernreaktor Bau- und Betriebs- gesellschaft mbH	Kern- forschungs- zentrum Karlsruhe (inoffiziell, bis 1995)	Gesellschaft für Kernfor- schung mbH	Kern- forschungs- zentrum Karlsruhe GmbH	Forschungs- zentrum Karlsruhe – Technik und Umwelt	Forschungs- zentrum Karlsruhe in der Helmholtz- Gemeinschaft

Abb. 7: Namensentwicklung von Universitäts- und Großforschungsbereich bis zur Fusion zum Karlsruher Institut für Technologie im Jahr 2009.

2.2 Das Forschungszentrum

Welchen Namen eine Hochschule auch trägt, es gibt eine landläufige Vorstellung ihres Forschungs- und Lehrbetriebs. Anders steht es mit einer Institution, die als Forschungszentrum bezeichnet wird. Ein Zentrum, an dem geforscht wird: Wäre das nicht auch eine gute Umschreibung für eine Hochschule? Wozu aber bedarf es dann noch eines davon gesonderten Forschungszentrums? Und warum werden die Arbeitsgebiete des Forschungszentrums nicht an einer Hochschule verfolgt? Im Fall des Kernforschungszentrums Karlsruhe erforderte schon dessen besondere Aufgabe und Trägerschaft die von der Universität getrennte Anlage.

Die dem Zentrum gestellte Aufgabe war es, die wissenschaftliche und technische Grundlage für eine friedliche Nutzung der Kernenergie in Deutschland zu schaffen.[12] Forschungen zur Nutzung der atomaren Kernspaltung hatte es in Deutschland seit den 1930er Jahren gegeben. Die Nationalsozialisten verstanden das militärische Potenzial der Kerntechnik und förderten Arbeiten zum Bau eines Atomreaktors besonders aus diesem Motiv. Das zentrale Projekt des Heereswaffenamtes stand unter der wissenschaftlichen Leitung des Physikers und Nobelpreisträgers Werner Heisenberg. Die bis zum Ende des Krieges, zuletzt in Haigerloch erstellten Versuchsanlagen waren jedoch so dimensioniert, dass sie den Zustand der Kritikalität, also eine sich selbst erhaltende Kettenreaktion der Kernspaltungen, nicht erreichen konnten. Die Möglichkeit zur Energieerzeugung oder zur Herstellung von Kernwaffen war damit nicht gegeben.

Nach dem Ende des Krieges und einer anschließenden Internierung der führenden deutschen Atomwissenschaftler fand die um Heisenberg formierte Gruppe eine neue Wirkungsstätte in dem zunächst in Göttingen angesiedelten Max-Planck-Institut für Physik. Einer Fortführung der Atomforschung standen zunächst die unter alliierter Kontrolle verhängten Forschungsbeschrän-

---

[12]Literatur in Auswahl: 10 Jahre Kernforschungszentrum Karlsruhe, hg. v. d. Gesellschaft für Kernforschung mbH Karlsruhe, 1966; Körting, Klaus u. Lehmann, Walter M.: 25 Jahre Kernforschungszentrum Karlsruhe. 1956-1981, 1981; Gleitsmann-Topp, Rolf-Jürgen: Im Widerstreit der Meinungen. Zur Kontroverse um die Standortfindung für eine deutsche Reaktorstation (1950-1955). Ein Beitrag zur Gründungsgeschichte des Kernforschungszentrums Karlsruhe und zu einem Kapitel deutscher Kernenergiegeschichte, 1986 (Kernforschungszentrum Karlsruhe 4186); Marth, Willy: Der Schnelle Brüter SNR 300 im Auf und Ab seiner Geschichte, 1992 (Kernforschungszentrum Karlsruhe 4666); ders.: Die Geschichte von Bau und Betrieb des deutschen Schnellbrüter-Kernkraftwerks KNK II, 1993 (Kernforschungszentrum Karlsruhe 5155); Oetzel, Günther: Forschungspolitik in der Bundesrepublik Deutschland. Entstehung und Entwicklung einer Institution der Großforschung am Modell des Kernforschungszentrums Karlsruhe (KfK). 1956-1963, Diss. Univ. Karlsruhe, 1996 (Europäische Hochschulschriften 3/711); Sperling, Peter: Geschichten aus der Geschichte. 50 Jahre Forschungszentrum Karlsruhe. Bereit für die Zukunft, hg. v. Forschungszentrum Karlsruhe in der Helmholtz-Gemeinschaft, 2006.

kungen entgegen. Diese entfielen durch den 1955 in Kraft gesetzten Vertrag der Bundesrepublik Deutschland mit den westlichen Siegermächten über das Ende des Besatzungsstatuts. Auf die Entwicklung von Atomwaffen hatte Deutschland bei der Einigung mit den Westmächten ausdrücklich verzichtet.

Die friedliche Nutzung der Kernenergie hingegen avancierte in den frühen 1950er Jahren zu einem herausragenden Ziel beim Streben nach wirtschaftlichem Wiederaufbau, Aufschließen mit dem wissenschaftlichen Weltniveau und internationaler Wettbewerbsfähigkeit der exportabhängigen deutschen Wirtschaft. Ein Kristallisationspunkt solcher Wünsche war die „Atoms for Peace" betitelte Rede, die US-Präsident Eisenhower 1953 vor den Vereinten Nationen hielt. Die Vision des Atomzeitalters diente auch in Deutschland als Leitbild. Viele sahen das Land an einer Wegscheide zwischen der künftigen Rolle als führende Industrienation und einem dauerhaften Rückfall gegenüber den großen, als gleichrangige Partner verstandenen westlichen Nachbarn. Schon die 1955 vollzogene Gründung eines *Bundesministeriums für Atomfragen* macht kenntlich, welche Priorität dem Thema auf höchster politischer Ebene beigemessen wurde.

Die Schaffung von Grundlagen für die wirtschaftliche Kernenergienutzung war ein Unterfangen von außerordentlichem Volumen und außerordentlicher Komplexität. Es lag nahe, dem Beispiel der für die Kernforschung eingerichteten Nationallaboratorien in Frankreich, Großbritannien und den Vereinigten Staaten zu folgen und eine der neuen Aufgabe gewidmete Einrichtung zu schaffen. Für eine eigenständige Institution anstelle der Eingliederung in eine Hochschule oder ein bestehendes Forschungsinstitut sprachen jedoch nicht allein das Volumen und die mit der Materie verbundenen Sicherheitsanforderungen. Ebenso wie diese Punkte war die für das Zentrum vorgesehene, gemischt öffentlich-rechtliche und privatwirtschaftliche Trägerschaft ein Grund für eine eigenständige Institution. Neben der Industriebeteiligung wirkte sich hier auch die Rolle des Bundes als dominanter Geldgeber aus. Die nach der Erfahrung des Nationalsozialismus akzentuierte Kulturhoheit der Länder und ihre daraus folgende Zuständigkeit für das Hochschulwesen ließen dort kein direktes Engagement des Bundes zu.

Die Struktur des Zentrums war zunächst von dem Ansatz geprägt, die Industrie als den schließlichen Nutznießer der wissenschaftlich-technischen Entwicklungsarbeit als gleichstarken Investor neben den staatlichen Akteuren zu beteiligen. Damit verband sich nicht nur eine Teilung von finanziellen Lasten, Verantwortung und Einfluss, sondern auch die Perspektive auf eine rasche Umsetzung von Innovationen in wirtschaftlichen Anwendungen. Darüber hinaus war diese Konstruktion als Bekenntnis zu einer marktwirtschaftlichen Ordnung zu verstehen.

Abb. 8. Der Bundesminister für Atomfragen Franz Josef Strauß unterzeichnet am 19. Juli 1956 den Gründungsvertrag der Kernreaktor Bau- und Betriebsgesellschaft mbH.

Die am 19. Juli 1956 unter dem Namen *Kernreaktor Bau- und Betriebsgesellschaft* (KBB) als Gesellschaft mit beschränkter Haftung gegründete Institution war das ausführende Organ des Trägers *Kernreaktor Finanzierungsgesellschaft* (KFG), der zu gleichen Teilen durch die Beteiligung der privatwirtschaftlichen und öffentlich-rechtlichen Partner entstanden war. Neben dem unter anderen von AEG, Badenwerk, Bayer, DEMAG, Hoechst, Linde, Krupp, Mannesmann und Siemens als den am stärksten engagierten Gesellschaftern gebildeten industriellen Part standen der Bund mit einem Anteil von 30 % und das Land Baden-Württemberg mit einer Beteiligung von 20 %.

Schon in den ersten Jahren des Projekts offenbarten sich Problemstellungen, die schließlich den Übergang zu einer rein staatlichen Trägerschaft motivierten. Der Bau des Forschungsreaktors und die weitere Entwicklung bis zur wirtschaftlichen Stromerzeugung begannen mit so vielen Unwägbarkeiten, dass sich dieses Ziel nicht in einem von vornherein bestimmten Kosten- und Zeitrahmen realisieren ließ. Die in der KFG vereinigten Träger sahen sich mit dem Bedarf nach zunächst unabsehbar hohen Nachschüssen konfrontiert. Während die industriellen Partner diese Entwicklung nicht hinnahmen und auf einer festen Obergrenze ihres Engagements beharrten, fügte sich der Bund in die Einsicht, dass die Verwirklichung des Vorhabens von einer intensivierten und zunächst nicht begrenzten Förderung weit über dem von der Industrie und dem Land Baden-Württemberg leistbaren Maß abhing. In Verbindung mit dem bundesseitigen Anspruch auf die Proportionalität von Einfluss und Aufwand führte dies zunächst zu einer schrittweisen Marginalisierung der Industriepartner. Der Bund und das Land gründeten 1959 neben der KFG die *Gesellschaft für Kernforschung* (GfK) als zweite Trägergesellschaft, diese mit einem Verhältnis von 75 % Bundes- und 25 % Landesanteil. Mit dem Übergang von Teilen des Zentrums aus der Trägerschaft der KFG an die GfK bereitete sich der 1963 vollzogene Wechsel zu einer rein staatlichen Trägerschaft vor. In diesem Jahr übereignete der industrielle Part der KFG seinen Anteil der GfK, und diese Trägergesellschaft fusionierte mit der Kernreaktor Bau- und Betriebsgesellschaft unter dem Namen *Gesellschaft für Kernforschung* (GfK). Unabhängig von der gesellschaftsrechtlichen Entwicklung war für das anfänglich als Reaktorstation bezeichnete Zentrum seit dem Jahr 1959 der Name *Kernforschungszentrum* gebräuchlich.

Die US-amerikanische Prägung der in Nationallaboratorien betriebenen *Big Science* erhielt mit dem Kernforschungszentrum und dem dort bis 1961 gebauten Forschungsreaktor FR 2 ein deutsches Gegenstück, das sich allerdings vom Anspruch her eher an den Nachbarn Frankreich und Großbritannien orientierte. Der Unterschied zwischen der Großforschung und der Hochschulforschung wird besonders deutlich mit der 1962 beschlossenen neuen Gesamtaufgabe des Kernforschungszentrums, dem Projekt Schneller Brüter. Dieses Vorhaben zielte in der Konzeption auf die Erschließung nahezu unerschöpflicher Energiereserven durch die sogenannte Erbrütung von Kernbrennstoff im laufenden Betrieb von Kernreaktoren. Das gesamte Vorhaben umfasste nicht allein die Entwicklung eines neuen Reaktortyps, sondern auch einer Anlage zur Wiederaufarbeitung von Brennelementen und damit zur Herstellung des erforderlichen Brennstoffkreislaufs. Aus einem solchen Projekt resultierte die Notwendigkeit eines konsequent koordinierten Zusammenwirkens der Zentrumseinheiten. Zu der für Hochschulen identitätsstiftenden Idee einer freien Wahl der Forschungsthemen konnte dieses Konzept der Großforschung leicht als Gegensatz verstanden werden. Die Rolle der Großforschung als Instrument zentraler staatlicher Strukturmaßnahmen wurde noch einmal unterstrichen durch die Verstärkung des Bundesanteils von 75 auf 90 % gegenüber dem Anteil des Sitzlandes bei der 1978 vollzogenen Umfirmierung der GfK in *Kernforschungszentrum Karlsruhe*, nach wie vor in der Rechtsform einer Gesellschaft mit beschränkter Haftung. Die in den 1990er Jahren nach dem Ende des Brüter-Projekts vollzogene Verlagerung von Zentrumsaktivitäten in die Bereiche der Umwelttechnik, Materialwissenschaft, Mikrofertigungstechnik und Nanotechnik fand 1995 Ausdruck im Namenswechsel zu *Forschungszentrum Karlsruhe GmbH – Technik und Umwelt*. Mit dem Wegfall des erklärenden Zusatzes *Technik und Umwelt* im Jahr 2002 verband sich der namentliche Hinweis auf die Zugehörigkeit zu der 1995 aus der Arbeitsgemeinschaft der Großforschungseinrichtungen (AGF) hervorgegangenen Helmholtz-Gemeinschaft Deutscher Forschungszentren als Dachorganisation von Einrichtungen, die gemeinsam in der programmorientierten, vor allem von Bundesmitteln finanzierten Forschung wirken.

Abb. 9. Der erste Sitz der Kernreaktor Bau- und Betriebsgesellschaft mbH: Das ‚Künstlerhaus' in der Karlsruher Karlstraße 42-44, Aufnahme von 1957.

Neben der wechselnden Aufgabenstellung und der wechselnden Trägerschaft erwiesen sich für die Entwicklung des Zentrums auch die räumliche Situation und die dort tätigen Menschen als entscheidende Faktoren für die bis zur Gründung des KIT verlaufende Entwicklung. Lange war München der Favorit in der Standortfrage der Reaktorstation gewesen. Als Universitätsstadt und neuer Hauptsitz der Max-Planck-Gesellschaft erschien dieser Ort zunächst prädestiniert. Bundeskanzler Konrad Adenauer entschied sich jedoch aufgrund des schlüssigen Konzepts der Stadt Karlsruhe sowie aus sicherheitsstrategischen Erwägungen für die Ansiedlung der damals als „Reaktorstation mit einigen Instituten" bezeichneten Einrichtung in der Rheinebene. Im Zusammenhang mit der Standortfrage vollzog sich auch die Distanzierung des lange als Führungspersönlichkeit gehandelten Werner Heisenberg von dem Projekt. In die zunächst für ihn vorgesehene Stelle trat dessen langjähriger Mitarbeiter und Weggefährte Karl Wirtz.

Zunächst einmal mussten der Forschungsreaktor und die zu seinem Betrieb nötigen Hilfseinrichtungen an dem schließlich gewählten Standort im Hardtwald errichtet werden. Zu Anfang war die Stammbesetzung von etwa 120 Mitarbeitern, Wissenschaftlern und Ingenieuren noch in der Karlsruher Innenstadt in der Karlstraße 42 bis 44 in einem Gebäude untergebracht, das nach seinem Vorgängerbau das *Künstlerhaus* genannt wurde. Die hier tätigen Wissenschaftler waren entsprechend der Organisationsform der Kernreaktor Bau- und Betriebsgesellschaft (KBB) im Angestelltenverhältnis tätig,

Abb. 10. Der erste Reaktor des Kernforschungszentrums (FR 2) im Bau, Aufnahme vom April 1959.

Abb. 11. Aufbau erster Versuche am Reaktorblock des FR 2, Aufnahme vom März 1961.

und ein Teil von ihnen wurde von den als Gesellschafter der Kernreaktor Finanzierungsgesellschaft fungierenden Unternehmen zur Mitarbeit in der KBB abgestellt. Mit diesem System bezweckte man sowohl die Gewinnung kompetenter Kräfte als auch den Technologietransfer zur baldigen Verwertung der Forschungs- und Entwicklungsergebnisse.

Die Organisationsform der KBB war eine Rücksichtnahme auf die bestehenden Rahmenbedingungen und die Bedürfnisse der Reaktorstation. In zwei Punkten konnte die GmbH den in ihr wirksamen betrieblichen und persönlichen Interessen jedoch nicht entsprechen. Zum einen war die Einrichtung von ihrer Konzeption her nicht in der Lage, den von ihr benötigten natur- und ingenieurwissenschaftlichen Nachwuchs auf Hochschulniveau heranzubilden. Zum anderen waren die führenden Persönlichkeiten der Reaktorstation durch ihre Ausbildung und ihren Karrierebeginn an Hochschulen und den akademisch geprägten Instituten der Kaiser-Wilhelm- und späteren Max-Planck-Gesellschaft so weit geprägt, dass sie stark auf eine Hochschulanbindung hin orientiert waren und auf den dort üblichen Beamtenstatus Wert legten. Deshalb kam es schon bald nach der Gründung des Zentrums zur Kooperation mit der Technischen Hochschule Karlsruhe. Die dabei gefundene Form machte sich einen Namen als das *Karlsruher Modell*. Dieses war keineswegs vorgezeichnet, sondern musste sich in einer Reihe variierender Einzelfälle erst zum Typ herausbilden.

	Kernreaktor Bau- und Betriebsgesellschaft mbH	**Technische Hochschule Karlsruhe**
Personal	ca. 120 Mitarbeiter	200 Angehörige des Lehrkörpers (45 ordentliche Professoren, 7 außerordentliche Professoren, 20 außerplanmäßige Professoren, 22 Honorarprofessoren, 5 Gastdozenten, 32 Privatdozenten, 63 Lehrbeauftragte, 6 sonstige Dozenten). Die genaue Zahl der übrigen Mitarbeiter war nicht ermittelbar. Die Gesamtzahl der beschäftigten Personen lag deutlich über 500.
Studenten	–	4008
Trägerschaft	Industrie 50% Bund 30% Land Baden-Württemberg 20%	Land Baden-Württemberg 100%
Lage	zuerst zentral im Karlsruher Künstlerhaus, dann Reaktorstation in Leopoldshafen mit Verwaltungssitz in Karlsruhe, Weberstraße 5	zentrale Lage in Karlsruhe zwischen Hardtwald und Kaiserstraße
Zielsetzung	Bau eines Forschungsreaktors	Forschung und Lehre

Abb. 12: Kernreaktor Bau- und Betriebsgesellschaft mbH und Technische Hochschule Karlsruhe im Jahr 1956; Personal und Studenten der Technischen Hochschule zum Sommersemester.

3. Die frühen Jahre der Kooperation – Herausbildung des *Karlsruher Modells* (1956-1965)

Der Wille zur Zusammenarbeit zwischen Kernforschungszentrum und Technischer Hochschule war auf beiden Seiten gleichermaßen vorhanden. Als die ersten Kontakte geknüpft wurden, standen sich keine fremden Welten gegenüber. Schnell ergab sich im alltäglichen Sprachgebrauch das Formelpaar „die Kollegen von der TH" und „die Kollegen aus dem Zentrum". Gerade im Fach Physik kannten sich manche Wissenschaftler, weil sie bereits zusammengearbeitet hatten oder einander auf Kongressen begegnet waren. Die hier bestehenden thematischen Überschneidungen, vor allem in der Kernphysik, förderten den Dialog. Doch bestanden Anreize zur Kooperation nicht nur in solchen Gemeinsamkeiten, sondern auch gerade in den Unterschieden zwischen Hochschule und Kernforschungszentrum. Beide Motive blieben über Jahrzehnte hinweg bestehen – in den Zeitzeugengesprächen wurden sie sowohl für die ersten Jahre wie auch noch für den KIT-Prozess genannt.

Wie bereits angedeutet, war die Nähe zur Technischen Hochschule für das Kernforschungszentrum besonders im Bereich der Nachwuchsförderung von Interesse. Doch ermöglichte die Zusammenarbeit nicht allein den persönlichen Kontakt mit zukünftigen Mitarbeitern. Durch die Beteiligung von Wissenschaftlern des Zentrums am Lehrbetrieb der Hochschule konnten auch fachliche Schwerpunkte gesetzt und mit der Vergabe von Diplom- und Promotionsthemen wissenschaftliche Arbeiten angeregt, ja sogar die persönliche Ausrichtung von Nachwuchswissenschaftlern auf Arbeitsgebiete des Zentrums erreicht werden. Bis zum Ende der 1960er Jahre fungierten die am Zentrum tätigen Wissenschaftler rund hundertmal als Doktorväter.[13] Die Möglichkeiten des Kernforschungszentrums im experimentellen Bereich verliehen solchen Angeboten eine hohe Attraktivität für Studierende. Aber nicht nur bei Diplomarbeiten und Promotionen konnten Wissenschaftler des Zentrums Partner für Projekte mit der Technischen Hochschule finden. Die Fridericiana bot von ihrem thematischen Spektrum her Anknüpfungspunkte auch außerhalb der Physik, etwa im Bereich der Materialwissenschaft. Neben diesen Aspekten war jedoch für Wissenschaftler des Kernforschungszentrums die Möglichkeit, eine Professur an der Fridericiana zu erhalten, besonders attraktiv.

Für die Hochschule wiederum bot das Zentrum einen sowohl qualitativen als auch einen quantitativen Zugewinn. Die Versuchsanlagen des Zentrums

---

[13] KIT-Archiv, Findmittel zu Bestand 21013, passim.

waren in ihrer Art einzigartig, und die langfristigen und vergleichsweise hohen Forschungsbudgets eröffneten die Perspektive auf stabile Kooperationen. Natürlich war die Nachbarschaft eines Expertenkreises mit großer thematischer Schnittmenge auch für die Hochschule von beträchtlichem Wert. Von Anfang an gab es also eine Reihe von Gründen, der Zusammenarbeit von Hochschule und Kernforschungszentrum einen festeren Rahmen zu geben. Die genaue Ausgestaltung vollzog sich zunächst mit individuellen Lösungen für einzelne leitende Wissenschaftler. An diesen Beispielen ist am besten aufzuzeigen, wie sich die schrittweise entwickelten Formen zu dem sogenannten *Karlsruher Modell* verdichteten.

Mit Karl Wirtz strebte bereits die erste Gründerfigur des Kernforschungszentrums eine Fridericiana-Professur an.[14] Wirtz war schon im Zweiten Weltkrieg in der Forschergruppe um Werner Heisenberg an der Atomforschung beteiligt gewesen. Während des Gründungsprozesses der Kernreaktor Bau- und Betriebsgesellschaft begannen erste Sondierungen zur Übernahme einer Professur bei der Karlsruher Abteilung für Physik in der Fakultät für Natur- und Geisteswissenschaften. Generell standen die Zeichen für ein solches Anliegen gut. An der Hochschule war bereits eine Senatskommission für Kernphysik und Reaktortechnik berufen worden, und man bemühte sich um die Schaffung eines neuen Lehrstuhls auf diesen Gebiet. Jedoch schlug man für die Berufung nicht Wirtz, sondern Otto Haxel vor, der ab 1951 in Heidelberg das II. Physikalische Institut aufgebaut und bei der Gründung der KBB eine wesentliche Rolle gespielt hatte. Die Karlsruher Physiker richteten ihr Augenmerk auch stärker auf die Grundlagenforschung und theoretische Arbeiten als auf den Reaktorbau. Wirtz schien von seinem Profil her weniger in diese Abteilung der Technischen Hochschule zu passen. Auch musste für eine erfolgversprechende Zusammenarbeit ein Konsens auf der persönlichen Ebene bestehen. Dies war, wie in einigen der Gespräche mit Zeitzeugen deutlich wurde, bei Wirtz und dem Karlsruher Ordinarius für Physik Christian Gerthsen nicht gegeben. Nach einer Feststellung des Historikers Armin Hermann kam die von der Hochschule anstatt eines vollwertigen Lehrstuhls in Erwägung gezogene Honorarprofessur für Wirtz nicht in Frage. Vermutlich hielten ihn schon die mangelnde Resonanz bei den Hochschulphysikern, der bei einer Honorarprofessur fehlende Beamtenstatus und die geringe Beteiligung an der akademischen Selbstverwaltung von dieser Art der Einbindung ab. Wirtz' Interesse an einer vollwertigen Professur ist jedoch nicht allein als ein Streben nach Reputation zu werten. Von grundsätzlicher Bedeutung im Hinblick

---

[14] Hermann, Armin: Karl Wirtz – Leben und Werk. „Eine weit überragende physikalische Begabung", 2006, hier bes. S. 103-111.

Abb. 13. Prof. Karl Wirtz (*1910, †1994), Leiter des Instituts für Neutronenphysik und Reaktortechnik, erläutert dem Atomphysiker Prof. Otto Hahn (*1879, †1968) den Plan des Reaktors FR 2, Aufnahme vom Januar 1959.

auf die Entwicklung des Karlsruher Modells ist auch die von Wirtz vorgetragene Absicht, an beiden Einrichtungen wesentliche Funktionen zu erfüllen.

Mit einem im Frühjahr 1956 angestellten Versuch, die Karlsruher Fakultät für Natur- und Geisteswissenschaften doch noch zur Berufung von Wirtz zu bewegen, erzielte der baden-württembergische Wirtschaftsminister wohl eher das Gegenteil. Die noch einmal gesteigerte Abwehrhaltung schien Wirtz' vollwertige Einbindung in die Technische Hochschule zunächst zu vereiteln. Der Verlauf macht deutlich, dass führende Wissenschaftler des Zentrums keine sicheren Kandidaten für eine Professur an der Fridericiana waren. Die Fakultät verwahrte sich gegen eine Einflussnahme von außen.

Als Wirtz die Karlsruher Professur zunächst versagt blieb, bot ihm die Universität Heidelberg auf Betreiben von Otto Haxel kurzfristig einen Lehrstuhl an. Die Fridericiana war eben nicht der einzige Brückenkopf des Zentrums in die akademische Welt – weder in diesem Fall noch in der Folgezeit.

Um die im Grundsatz sehr erwünschte personelle Verschränkung der Reaktorstation mit der Technischen Hochschule doch noch zu erreichen, wurde nach dem Heidelberger Angebot auf der Seite der Fridericiana eine weitere Option entwickelt. Wirtz sollte eine ordentliche Professur an der Fakultät für Maschinenwesen erhalten. Im Verlauf des nun angestrengten Berufungsverfahrens trat die hohe Priorität der zu stiftenden Verbindung besonders hervor. Das Kultusministerium wartete nämlich mit der Einrichtung des neuen

Abb. 14. Prof. Erwin Willy Becker (*1920, †2011), Leiter des Instituts für Kernverfahrenstechnik, Aufnahme um 1973.

Lehrstuhls für Physikalische Grundlagen der Reaktortechnik, bis Wirtz im Januar 1957 den Anstellungsvertrag mit der KBB geschlossen und seine dortige Stelle als Leiter des Instituts für Neutronenphysik und Reaktortechnik sowie der Abteilung für den Entwurf der Reaktoranlagen angetreten hatte. Die zur Unterbringung benötigten Gebäude, die ersten rund 35 Mitarbeiter und die wissenschaftliche Ausrüstung wurden von der KBB finanziert. Demgegenüber steuerte die Hochschule zu Wirtz' Lehrstuhl mit der obligatorischen Assistenten- und Sekretariatsstelle nur einen kleinen Bruchteil bei.

Mit der seit April 1957 ausgeübten Doppelfunktion als Ordinarius einerseits und als Leiter des Instituts für Neutronenphysik und Reaktortechnik an der Reaktorstation andererseits verband sich eine für Wirtz enorm reizvolle Differenzierung. Während die KBB mit ihrem Anstellungsvertrag Ressourcen stellte, die das an Hochschulen typische Maß weit überstiegen, bestand mit der Dienststellung als lebenslänglich verbeamteter Professor eine zweite Bindung zu einem stärkeren Dienstherrn, die von ihrer Natur her ein hohes Maß an persönlicher Unabhängigkeit garantierte.

Mit ähnlichen Arbeitsbedingungen, doch mit einigen markanten Abweichungen im Hinblick auf die organisatorische Einbindung erfolgte im Jahr 1958 die Berufung von Erwin Willy Becker auf die als Lehrstuhl für Kernverfahrenstechnik bezeichnete Professur.[15] Anders als Wirtz, der schon vor seiner Berufung einen Vertrag mit dem Kernforschungszentrum hatte, wurde Becker zunächst an die Technische Hochschule berufen. Auch den größten Teil seiner Ausstattung erhielt er über die Hochschule. In seiner Autobiografie beschreibt Becker den Vorgang folgendermaßen:

---

[15] Becker, Erwin Willy: Zwischen Universität und Forschungszentrum. Vorgeschichte und Geschichte meiner naturwissenschaftlichen Tätigkeit, 2008, S. 69-72.

Bei den Berufungsverhandlungen im Stuttgarter Kultusministerium wurden alle meine den Lehrstuhl betreffenden Wünsche erfüllt. Bedingungen hinsichtlich meiner persönlichen Bezüge habe ich nicht gestellt. Es wurde vereinbart, dass mein Institut mit den zugesagten Sondermitteln des Bonner Atomministeriums auf dem Gelände des zukünftigen Kernforschungszentrums Karlsruhe gebaut und in das Eigentum der T.H. Karlsruhe überführt werden würde. Daraufhin nahm ich den Ruf am 8.4.1958 an. Die das Zentrum zunächst betreibende Kernreaktor Bau- und Betriebsgesellschaft-GmbH schloss mit der T.H. Karlsruhe und mir Verträge ab, die unsere Zusammenarbeit mit dem zukünftigen Forschungszentrum regelten. Noch im gleichen Jahr wurde mit dem Bau des Instituts im Hardtwald begonnen. Aufgrund meines Vorschlags erhielten die von mir zu betreuenden wissenschaftlichen Bereiche die Bezeichnung Lehrstuhl und Institut für Kernverfahrenstechnik (IKVT).[16]

Beckers Institutsgebäude wurde mit Bundesmitteln auf dem Gelände der Reaktorstation errichtet und dann der Hochschule überschrieben. Auch das Land engagierte sich ganz erheblich für das neue Institut. Dem von Anfang an auch als Institutsdirektor bezeichneten Lehrstuhlinhaber zugeordnet wurden eine außerplanmäßige Professur, ein Oberassistent, drei wissenschaftliche Assistenten, fünf Techniker sowie eine Schreib- und eine Reinigungskraft. Hinzu kamen ein Budget von 10.000 DM für wissenschaftliche Hilfskräfte sowie ein Sachmitteletat von 53.000 DM. Zusammengenommen ergab dies ein veritables Hochschulinstitut, das den Vergleich mit etablierten Einrichtungen der Fridericiana nicht zu scheuen brauchte. So entstand zunächst ein eigenständiges Institut der Technischen Hochschule auf dem Gelände des Kernforschungszentrums. Die weiteren Ausbauschritte zeigen jedoch, dass auch diese Lösung offen für ein stärkeres Zusammenwirken war. Der anfängliche Baubestand des Instituts für Kernverfahrenstechnik wurde um Anbauten durch das Kernforschungszentrum ergänzt. Ebenso erhielt der Personalbestand des Instituts mit der Zeit eine kräftige Aufstockung aus dem Zentrum.[17] Diese Kooperation trug wesentlich zum Erfolg von Beckers Arbeit bei. Die Option, als Leiter des Kernforschungszentrums Ispra nach Italien zu wechseln, schlug dieser mit der Begründung aus, dass dort keine Kooperatio-

[16] Ebd., S. 69f.

[17] KIT-Archiv, 28021: Forschungs- und Entwicklungsprogramme mit Tätigkeitsberichten der Gesellschaft für Kernforschung mbH Karlsruhe 1964-1977; ebd. Forschungs- und Entwicklungsprogramme mit Tätigkeitsberichten der Kernforschungszentrum Karlsruhe GmbH, 1978-1994.

Abb. 15. Links Prof. Karl Wirtz (*1910, †1994), Leiter des Instituts für Neutronenphysik und Reaktortechnik, zusammen mit Prof. Walter Seelmann-Eggebert (*1915, †1988), Leiter des Instituts für Radiochemie, Aufnahme um 1985.

nen mit den benachbarten Universitäten in Aussicht standen, die er „für eine langfristige erfolgreiche Arbeit eines Forschungszentrums für unabdingbar"[18] hielt. Aus den von Hochschule und Kernforschungszentrum getragenen Arbeiten seines Instituts zur Miniaturisierung von Trenndüsen für die Urananreicherung erwuchs die Mikrostrukturtechnik, die heute den Schwerpunkt der Institutsaktivitäten ausmacht und den seit 1989 gebräuchlichen neuen Namen Institut für Mikrostrukturtechnik begründete.

Nur wenige Monate nach der Besetzung des Instituts für Kernverfahrenstechnik mit Becker erfolgte Mitte 1958 mit der Berufung von Walter Seelmann-Eggebert eine wieder stärker in das Kernforschungszentrum integrierte Einrichtung. Seelmann-Eggebert war in den 1940er Jahren als Mitarbeiter von Otto Hahn und Lise Meitner an Forschungen zur Kernspaltung beteiligt gewesen und hatte in den ersten Nachkriegsjahren als Atomforscher in Argentinien gearbeitet. Am Zentrum übernahm er die Leitung des Instituts für Radiochemie und an der Technischen Hochschule den Lehrstuhl für Radiochemie, der zunächst mit zwei wissenschaftlichen Assistenten, zwei Technikern und einer Sekretariatsstelle ausgestattet war. Das Gros der insgesamt am Zentrum angesiedelten Institutsbelegschaft kam jedoch von dieser Einrichtung. Der Jahresbericht der Gesellschaft für Kernforschung nennt für 1963 16 Akademiker, 21 Techniker, 14 Diplomanden und Doktoranden sowie

[18] Becker (wie Fn. 15), S. 100.
[19] KIT-Archiv, 21011, 724.

neun weitere Beschäftigte. Die Konstruktion hatte also ihren eindeutigen Schwerpunkt im Zentrum. Die freilich vage gehaltene Berufungszusage des Kultusministeriums vom 28.05.1958 zeichnet demgegenüber die langfristige Perspektive einer ungefähr gleichgewichtigen Ausstattung am Hochschulstandort, indem es heißt, man werde „zu gegebener Zeit die Einrichtung von Laboratorien für Studenten, Diplomanden und Doktoranden mit einer Gesamtfläche von 400-500 qm im Bereich der Technischen Hochschule Karlsruhe wohlwollend unterstützen"[19]. Mit der Berufung Seelmann-Eggeberts griff die Kooperation von Hochschule und Kernforschungszentrum auf die in der Fakultät für Natur- und Geisteswissenschaften angesiedelte Abteilung für Chemie aus. Auch wenn es nicht zu der anfänglich ins Auge gefassten gleichgewichtigen Entwicklung des Instituts für Radiochemie kam, zeigt diese Konzeption das Interesse an einer über die Personalunion von Lehrstuhl und Institutsleitung am Zentrum hinausgehenden Verbindung.

Bis Mitte der 1960er Jahre kam es auch zu zwei Berufungen an die Abteilung für Physik, mit denen die zukünftige Varianzbreite des Karlsruher Models weiter abgesteckt wurde. Die Hochschulphysiker waren immer noch auf der Suche nach geeigneten Köpfen zur Leitung des kernphysikalisches Instituts, für das ebenfalls eine enge Zusammenarbeit mit dem Kernforschungszentrum vorgesehen war. Hatte man die Grundzüge des Karlsruher Modells zumindest bei den Berufungen Wirtz' und Beckers noch on the job ausgestaltet, war dieses Modell nun eine vorgesehene Verhandlungsmasse. Dabei konnten eigene Vorstellungen der Wissenschaftler bereits vor der Übernahme der Professur und der Institutsleiterstelle am Kernforschungszentrum einfließen.

In dieser Situation verhandelte Herwig Schopper über seinen Wechsel nach Karlsruhe. Der spätere erste deutsche Leitende Direktor der Europäischen Organisation für Kernforschung (CERN) in Genf wurde 1960 Direktor des Instituts für Experimentelle Kernphysik am Kernforschungszentrum und erhielt gleichzeitig einen Lehrstuhl für Experimentelle Kernphysik an der Fridericiana. Im Interview beschreibt Schopper, dass ihm das Karlsruher Modell durch den Fall von Wirtz bekannt war. Auch Schopper setzte zusätzlich zu seiner Arbeit am Kernforschungszentrum auf eine Professur an der Technischen Hochschule. Mit seinem Institut wollte er noch einen Schritt weiter gehen als bei den für Wirtz und Becker gefundenen Lösungen. Eine Abgrenzung der an Universität und Zentrum betriebenen Arbeiten sollte es nicht geben. Schopper wollte ein einheitliches Institut leiten, das aus zwei an Hochschule und Kernforschungszentrum angesiedelten Teilen bestand. Dieser Wunsch wurde ihm erfüllt. Interessant ist hierbei, wie diese Zielvorstellung umgesetzt wurde. Im Interview stellt Schopper seine Entscheidung für Karlsruhe und den Betrieb der beiden Institute folgendermaßen dar:

Formell, administrativ waren die beiden Institute getrennt. Die Leute, die von der Universität angestellt waren, sind vom Land bezahlt worden. Und ich hatte ja auch in Berufungsvereinbarungen Mittel vom Land bekommen, Betriebsmittel. Und das hat das Land natürlich weiter bezahlt. Aber es war klar, wenn es um große Einrichtungen ging, dass dann das nicht über den Universitätsetat des Instituts finanziert werden könnte. Für das Zentrum und auch für das Institut war es sehr wichtig, dass die Universität natürlich viel mehr Stabilität gab. Denn ich wäre ja auch nie an das Kernforschungszentrum Karlsruhe gegangen, nur mit einer Stelle am Kernforschungszentrum. Ich wäre nie ohne Lehrstuhl hingegangen. Denn als Lehrstuhl[inhaber] hat man dann Freiheit und ist Beamter auf Lebenszeit.

Die Zugkraft eines Lehrstuhls in Verbindung mit der Arbeitsmöglichkeit am Kernforschungszentrum wird somit auch im Fall Schoppers deutlich. Die Kombination der beiden gleichnamigen Institutsteile an Hochschule und Zentrum, in denen die Mitarbeiter zwar von verschiedenen Trägern bezahlt wurden, auf der Arbeitsebene jedoch gleichberechtigt an denselben Themen arbeiteten, war ein Vorgriff auf die spätere Struktur des KIT. Wie bereits angedeutet, wurde diese Doppelstruktur auch an Beckers Institut für Kernverfahrenstechnik durch Anfügung eines vom Zentrum getragenen Institutsteils eingeführt.

Schopper beschreibt weitere Gründe für seinen Wechsel nach Karlsruhe und die Vorzüge des Karlsruher Modells. Der größte Vorteil, den das Zentrum gegenüber der Hochschule im Jahr 1960 hatte, lag in den Räumlichkeiten und den finanziellen Mitteln. Die Folgen des Krieges waren auf dem Campus der Fridericiana immer noch sehr zu spüren. Dazu Schopper:

Die Möglichkeiten, die das Zentrum geboten hat, waren natürlich viel größer als die der Universität. Wie ich hinkam, lag die Universität immer noch in Trümmern. Die Universität hat erst mal dann das [Physik-]Hochhaus gebaut und den Gerthsen-Hörsaal und solche Sachen. Da hatte die Universität keine Möglichkeiten, irgendwie noch große Mittel für große Einrichtungen zu spendieren.

Wie bereits deutlich geworden ist, wäre Schopper ohne die Möglichkeit einer Professur an der Hochschule nicht an das Kernforschungszentrum gewechselt. Dafür nennt er zwei Gründe. Seine Hervorhebung des Status als verbeamteter Professor spielt auf die Freiheit an, die sich mit der Doppelfunktion ergab. Einen wesentlichen praktischen Vorteil sieht Schopper in der so gewonnenen Unabhängigkeit gegenüber der Zentrumsleitung:

Wir [die nach dem Karlsruher Modell berufenen Institutsleiter] konnten also auf das Zentrum, auf die Gestaltung des Zentrums doch einen relativ starken Einfluss ausüben, weil wir eben relativ unabhängig waren. Das passte natürlich auch der Leitung des Zentrums nicht, weil die auf uns nicht den gleichen Einfluss hatten, nicht den gleichen Druck ausüben konnten wie auf die anderen Institutsleiter und auch dem Ministerium gegenüber, weil wir natürlich, wenn es sich um die großen Projekte handelte, direkt zum Ministerium gegangen sind und nicht zur Leitung des Zentrums.

Auch dass sich mit dem Karlsruher Modell der Kontakt zur jungen Studentenschaft ergab, schien schon einmal auf. Schopper beschreibt dieses Merkmal im Rückblick als Grundvoraussetzung eines funktionierenden Forschungsbetriebs:

Ja, die Kombination Zentrum–Universität. Was mich dann letzten Endes auch zu DESY [Deutsches Elektronen-Synchrotron in Hamburg] gebracht hat. Wie gesagt: Die Universitäten garantieren eine gewisse Unabhängigkeit und nicht nur das, sondern der Kontakt mit den Studenten ist schon auch entscheidend. Denn man kann nur Forschung betreiben, wenn man immer wieder gute junge Leute kriegt. Und die kommen ja nur, wenn Sie die Leute kennen. Die Studenten gehen auch nicht mehr heutzutage auf eine Webpage oder irgendwohin. Die wollen die Leute sehen. Und wenn man nicht Vorlesungen hält, wo einen die Studenten kennenlernen, bekommt man auch keine guten Studenten. Deswegen, ich habe sowohl in Karlsruhe wie auch nachher bei DESY – wie ich Direktor von DESY war – darauf bestanden, auch Vorlesungen im ersten und zweiten Semester zu halten. Also Anfängervorlesungen, nicht nur Spezialvorlesungen. Erstens ist es gut, wenn man sich selbst wieder mal so an die Grundlagen der Physik erinnert, und zweitens lernen einen dadurch die Studenten am besten kennen.

Insgesamt ist für die ersten Jahre des Karlsruher Modells eine Reihe von Vorteilen für jene Institutsleiter des Kernforschungszentrums zu erkennen, die in Personalunion auch einen Lehrstuhl an der Technischen Hochschule versahen. Gute Raum- und Mittelausstattung, Unabhängigkeit von der Zentrumsleitung, Kontakt zu jungen Studierenden und die Teilhabe am akademischen Austausch waren die Hauptgründe, die für die Doppelbelastung sprachen. Dass dies nicht immer mühelos vonstattenging, liegt auf der Hand. Verpflichtungen auf beiden Seiten, Neid unter Kollegen und das erhöhte Arbeitspensum an beiden Einrichtungen machten das Karlsruher Modell nicht nur zu einer Traumkonstellation, sondern auch zu einer anstrengenden und schwierigen Aufgabe. In den Interviews zu diesem Band klang dies immer wieder an. Deutlich wurde auch, dass es keinen Königsweg zur Ausgestaltung der Kontakte zwischen Hochschule und Zentrum gab. Die Wissenschaftler hatten eigene Vorstellungen von der als integraler Bestandteil ihres Wirkens angesehenen Kooperation und suchten diese gerade in der Anfangszeit nach ihren Wünschen auszuformen. Bereits die Zeit ab Mitte der 1960er Jahre darf jedoch als Routinephase des Karlsruher Modells gelten. Im Jahr 1965 kam es zu drei gemeinsamen Berufungen, die sich in das Spektrum der bislang eingerichteten Varianten fügten. Der aus dem Wirtz'schen Institut für Neutronenphysik und Reaktortechnik hervorgegangene Dietrich Smidt erhielt mit dem Lehrstuhl für Reaktortechnik an der Fakultät für Maschinenwesen eine Ausstattung von zwei wissenschaftlichen Assistenten, zwei technischen Assistenten und zwei Bürokräften.[20] Das im Mai 1965 im Kernforschungszentrum unter seiner Leitung gegründete Institut für Reaktorentwicklung hingegen wurde von dieser Seite deutlich großzügiger ausgestattet.[21] Spätestens jetzt hatte sich die anfangs als Problemlösung entstandene Anbindung des Kernforschungszentrums über den Maschinenbau zu einer die Kooperation von Hochschule und Kernforschungszentrum tragenden Struktur entwickelt.

Eine ähnliche Verfestigung erfuhr auch die Zusammenarbeit im Bereich der Physik. Die beiden Teilinstitute für Experimentelle Kernphysik erhielten 1965 mit Anselm Citron und Arnold Schoch zwei weitere Direktoren, die sich die Leitung mit dem bisherigen Direktor Schopper teilten. Wie Schopper hatten auch Citron und Schoch von der Hochschule mit wissenschaftlichen Mitarbeitern und Hilfspersonal ausgestattete Lehrstühle mit laufenden Sachmittelzuweisungen, diese mit Beträgen zwischen 100.000 und 250.000 DM in einem für Hochschulinstitute ganz beträchtlichen Volumen.[22] Gegen Ende der 1960er Jahre bestand die Belegschaft des rund 160 Mitarbeiter umfassenden Instituts für Experimentelle Kernphysik dann zu knapp 40 % aus universitären Mitarbeitern.[23]

In der Überschau der sieben Berufungsfälle in den Jahren von bis 1957 bis 1965 wird als Kernbestand des Karlsruher Modells die Einbindung der Leiter großer Zentrumsinstitute über eine mit wenigen hochschulseitigen Mitarbei-

[20] KIT-Archiv, 21011, 713.

[21] Wie Fn. 17, hier: Forschungs- und Entwicklungsprogramm 1966, S. A 17.

[22] KIT-Archiv, 21011, 957.

[23] Wie Fn. 17, hier: Forschungs- und Entwicklungsprogramm 1969, S. A 26.

tern ausgestattete und in der Lehre voll wirksame Professur erkennbar. Die darüber hinausgehende Beteiligung der Hochschule durch die Einrichtung ungefähr gleichgewichtiger Institutsteile war eine von Fall zu Fall realisierbare Option.

Das Karlsruher Modell einer gemeinsamen Berufung von Lehrstuhlinhabern und Institutsleitern in Personalunion blieb in der Bundesrepublik nicht die einzige Form der Zusammenarbeit zwischen Hochschulen und staatlich finanzierten Forschungseinrichtungen.[24] Am Forschungszentrum Jülich wurde eine weitere Form geprägt. Bei Berufungen nach dem *Jülicher Modell* wird ein Wissenschaftler an eine Hochschule berufen und bei Amtsantritt beurlaubt, um vor allem am Forschungszentrum zu arbeiten. Von der beurlaubenden Hochschule erhält er den Professorentitel und das Promotionsrecht, jedoch ohne das übliche Maß an Pflichten in Lehre und akademischer Selbstverwaltung. Dass sich neben den Lösungen von Jülich und Karlsruhe mit dem *Berliner* und dem *Stuttgarter Modell* weitere Grundformen der Zusammenarbeit zwischen Hochschulen und staatlich finanzierten Forschungseinrichtungen entwickelten, verdeutlicht einmal mehr die Individualität des im Jahrzehnt um 1960 in Karlsruhe gefundenen Modus. Bei den Modellnamen ist zu beachten, dass sich diese auf den Entstehungsort, nicht aber auf die Orte der Anwendung beziehen. So kam es auch in Karlsruhe zu Berufungen nach dem Jülicher Modell.

[24] Gemeinsame Wissenschaftskonferenz (GWK): Gemeinsame Berufungen von leitenden Wissenschaftlerinnen und Wissenschaftlern durch Hochschulen und außeruniversitäre Forschungseinrichtungen. Bericht und Empfehlungen der Ad-hoc-Arbeitsgruppe „Gemeinsame Berufungen", vom Ausschuss der Gemeinsamen Wissenschaftskonferenz am 16. September 2008 verabschiedet, 2008 (Materialien der GWK 2), bes. S. 4-7.

4. Institutionalisierung der Zusammenarbeit (1964-1980)

Nach der beschriebenen Reihe von Berufungen stand die Frage nach einer über einzelne Lehrstühle und Institute hinausgehenden Gestaltung der Zusammenarbeit im Raum. Ein erster Ansatz war der am 19. November 1964 gegründete Koordinierungsausschuss von Hochschule und Zentrum.[25] Hier wurden die gemeinsamen Interessen in Forschung und Lehre behandelt, aber auch Anliegen wie ein gemeinsames Verzeichnis der Veröffentlichungen oder eine bessere Straßenverbindung zwischen den in Luftlinie rund zehn Kilometer voneinander entfernten Partnern. Seit dem Jahr 1965 gewährte der Aufsichtsrat des Kernforschungszentrums dem Karlsruher Rektor einen Gaststatus, womit der Hochschule die Information über die aktuelle Entwicklung und die strategische Konzeption des Nachbarn ermöglicht wurde.[26] Die institutionelle Scheidung zwischen dem Zentrum als einer Gesellschaft mit beschränkter Haftung und der Hochschule als Anstalt des Landes Baden-Württemberg wurde durch diesen Schritt jedoch nicht grundsätzlich verändert. Schon ein Stimmrecht eines Vertreters der jeweils anderen Einrichtung in einem zentralen Organ des Partners lag außerhalb der Möglichkeiten.

Der Gaststatus des Rektors im Aufsichtsrat des Zentrums und der Koordinierungsausschuss blieben für längere Zeit die Grenzmarken der organisatorischen Annäherung auf Leitungsebene. Gleichwohl konnte mit dem 1966 von Hochschule, Karlsruher Hochschulgesellschaft und Kernforschungszentrum gegründeten *Verein Gastdozentenhaus* eine gemeinsame Unterkunft – nicht zuletzt für ausländische Wissenschaftler – eingerichtet werden.[27] Und die im selben Jahr gegründete *Heinrich-Hertz-Gesellschaft zur Pflege wissenschaftlicher Kontakte* wurde mit ihrem Clubcharakter und ihren Vortragsveranstaltungen zu einem Treffpunkt für Angehörige beider Einrichtungen.[28]

Die Möglichkeiten zu Information und Kontaktaufnahme auch gerade auf höchster Ebene hatten sich verbessert, doch kam den Fakultäten als maßgeblichen Akteuren bei Berufungen nach dem Karlsruher Modell nach wie vor eine Schlüsselposition in der Zusammenarbeit der Hochschule mit dem Zentrum zu. Unabhängig von diesem strukturell bedingten Schwerpunkt ergab sich nun ein neuer, über Jahrzehnte hervorstechender Ansatz zur Kooperation auf dem Gebiet der Datenverarbeitung. Sowohl die Hochschule als

---

[25] KIT-Archiv, 21002, 575.
[26] Ebd. 21001, 1179.
[27] Ebd. 21002, 376.
[28] Ebd. 21001, 66.

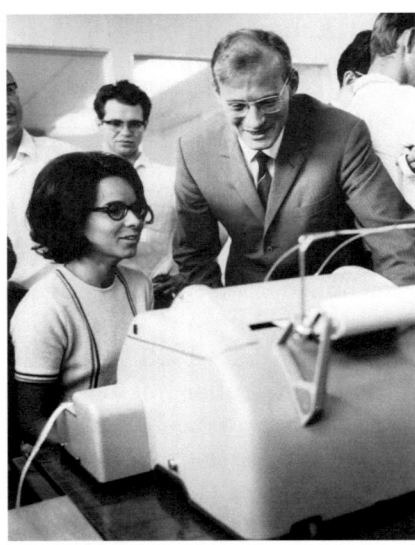

*Abb. 16. Der Informatik-Pionier Karl Nickel (*1924, †2009) am Ein- und Ausgabegerät einer Rechenanlage, Aufnahme um 1967.*

auch das Kernforschungszentrum betrieben seit den späten 1950er Jahren elektronische Rechenanlagen. Noch vor der Einrichtung der Reaktorstation unterhielt die Kernreaktor Bau- und Betriebsgesellschaft im Künstlerhaus in der Karlstraße eine Z 22 der Firma Zuse. Schon dieser Computer konnte von der Hochschule für Programmierübungen und Berechnungen genutzt werden.[29] Wenig später lief eine Z 22 auch an der Fridericiana.

Die Nutzung der Rechner gestaltete sich an beiden Einrichtungen naturgemäß unterschiedlich. An der Hochschule bemühte man sich um eine Programmierausbildung der Studierenden. Der am Institut für Angewandte Mathematik tätige Karl Nickel legte damit den Grund für die breitere Anwendung der Datenverarbeitung vor allem durch Ingenieure, Mathematiker und Naturwissenschaftler. Parallel zur Ausbildung wurde die institutseigene Rechenkapazität in einem solchen Umfang von anderen Hochschulinstituten für deren wissenschaftliche Zwecke genutzt, dass man schon Ende der 1950er Jahre inoffiziell von einem *Rechenzentrum* sprach. Im Jahr 1962 erhielt Karl Steinbuch von der Deutschen Forschungsgemeinschaft (DFG) die Mittel zur Beschaffung eines Rechners vom Typ ER 56, der zuvor unter seiner Leitung bei der Firma Standard Elektrik Lorenz (SEL) entwickelt worden war. Das an der Abteilung für Elektrotechnik in der Fakultät für Maschinenwesen beheimatete Institut Steinbuchs wurde so zur zweiten Wurzel der Karlsruher

---

[29] So Willi Schönauer am 23.03.2009 in einem Interview zur Geschichte des Steinbuch Centre for Computing. KIT-Archiv, 28503, 127. Ferner Nippert (wie Fn. 10), S. 12.

Abb. 17. Steuerpult, Ein- und Ausgabegeräte und Maschinenschränke des von Karl Steinbuch bei der Firma Standard Elektrik Lorenz entwickelten Elektronischen Rechenautomaten ER 56, Aufnahme um 1960.

Hochschulinformatik. 1966 entstand im Institut für Angewandte Mathematik unter Leitung von Ulrich Kulisch eine nun offiziell als Rechenzentrum der Hochschule bezeichnete Abteilung. Diese betrieb zeitweilig auch den ER 56. Ein Jahr später wurde das Rechenzentrum direkt dem Senat unterstellt und damit ähnlich wie die Bibliothek zu einer von Fakultäten und Instituten unabhängigen Einrichtung.

Während die Hochschulrechner von Anfang an für die Forschung wie auch die Lehre genutzt wurden und eine zentrale Dienstleistungsfunktion für interessierte Institute erfüllten, stand am Kernforschungszentrum die Rechnernutzung für bestimmte wissenschaftliche Projekte im Vordergrund. Am Institut für Angewandte Kernphysik brachte Karl Heinz Beckurts die elektronische Datenverarbeitung in Experimenten am Forschungsreaktor FR 2 zum Einsatz. Einen Ausbildungs- und Servicebetrieb für die übrigen Institute gab es hier zunächst nicht. Ein erster Schritt zu einem zentralen Angebot von Rechenleistung war die ab 1963 im Institut für Neutronenphysik und Reaktortechnik arbeitende Rechenanlage IBM 7070. Dieses System stand auch den übrigen Einheiten des Zentrums zur Verfügung. Der für 1965 erstattete Jahresbericht der Gesellschaft für Kernforschung vermeldet zunächst, der Rechner werde „zum größten Teil durch das Institut für Neutronenphysik und Reaktortechnik ausgenutzt". Im Anschluss heißt es aber, andere Einheiten des Zentrums machten „von dieser zentralen Einrichtung" zunehmend Gebrauch.[30] Das wie an der Technischen Hochschule Karlsruhe begonnene Angebot von Rechenleistung durch eines der Institute war auch hier nur die

Abb. 18. Datenverarbeitungsanlage IBM 7070 im Institut für Neutronenphysik und Reaktortechnik am Kernforschungszentrum Karlsruhe, Aufnahme von 1963.

Vorstufe zur Schaffung einer spezialisierten Einheit. Seit 1965 arbeitete man unter der Leitung des späteren Informatik-Professors Gerhard Krüger darauf hin, eine Datenverarbeitungszentrale in der räumlichen Mitte des Zentrums einzurichten.

Trotz unterschiedlicher Betriebsformen und Nutzungsanforderungen hatten die Hochschule und das Kernforschungszentrum doch einen gemeinsamen Nenner: Ihre Systeme mussten mit der rasanten Entwicklung auf dem Feld der Datenverarbeitung Schritt halten. Die Anwendungen wurden immer komplexer und erforderten immer mehr Rechenleistung. Seitens der Hochschule war es darüber hinaus von substanziellem Interesse, dass die Studierenden auf aktuellen Geräten an die Rechnernutzung herangeführt wurden. Das Bedürfnis, für neue Maschinen möglichst hohe Fördermittel zu erhalten, war so den beiden Partnern gemein. Die beim frühen Rechnereinsatz im Künstlerhaus praktizierte Zusammenarbeit war eine pragmatische Lösung gewesen. Unter den Anforderungen, die sich bis zum Ende der 1960er Jahre ergaben, bot die informelle Zusammenarbeit jedoch keine ausreichende Perspektive mehr. War der Bedarf nach maschineller Rechenleistung bei Diplomarbeiten zu Anfang der 1960er Jahre noch die Ausnahme, wurde ab Mitte des Jahrzehnts der Nutzerkreis der Studierenden am Rechenzentrum kontinuierlich größer. Kulisch spricht für diese Jahre von jährlich tausend Teilnehmern an der Programmierausbildung des Rechenzentrums, und auch die übrigen Benutzerzahlen wuchsen stetig.[31] 1969 kam es wegen mangeln-

---

[30] Wie Fn. 17, hier: Forschungs- und Entwicklungsprogramm 1965, S. 4.

[31] Ulrich Kulisch: Die Anfänge des Rechenzentrums und der Informatik der Universität Karlsruhe, in: Fridericiana. Zeitschrift der Universität Karlsruhe (TH) 59 (2002), S. 25-40, hier S. 27.

Abb. 19. Studierende der Universität Karlsruhe (TH) protestieren 1970 in der Kaiser-straße gegen die unzureichende Versorgung mit Rechenleistung.

der Rechenkapazitäten zu einem Protestmarsch auf der Kaiserstraße und so-gar zur Besetzung des Rechenzentrums. Wütende Studierende hatten diese Aktionsformen gewählt, um auf lange Wartezeiten aufmerksam zu machen.[32]

Schon Ende 1966 hatte Kulisch als Leiter des Hochschulrechenzentrums von Beckurts eine Anfrage nach den Möglichkeiten einer Zusammenarbeit erhal-ten.[33] Auf der Seite des Kernforschungszentrums konnte man sich vorstellen, neu zu installierende Rechenleistung teilweise abzugeben, falls die Hoch-schule ihren Bedarf in den Beschaffungsantrag mit einbringen würde. Dies hätte zu einer breiten Mitnutzung von Rechenanlagen des Zentrums durch Hochschulwissenschaftler und Studierende geführt. Für die Hochschule wä-ren so nicht nur die Anlagen des Kernforschungszentrums, sondern auch die Rechenanlage IBM/360-91 am Max-Planck-Institut für Plasmaphysik (IPP) in Garching erreichbar gewesen, die per Datenleitung mit dem Kernfor-schungszentrum verbunden war.

Kulisch schlug nun vor, nicht nur ein Zugangsrecht der Hochschule zu den Anlagen im Zentrum zu vereinbaren, sondern ein gemeinsames Rechenzen-trum beider Einrichtungen zu gründen. So wäre es zu einer weiteren Insti-

---

[32] So der ehemalige Mitorganisator des Protests Prof. Dr. Arno Gahrmann am 17.04.2006 in einem In-terview. KIT-Archiv, 28503, 115.

[33] Neben dem in Fn. 31 genannten Beitrag siehe zu Kulischs Wirken auch dessen schriftliche Einrich-tung eines am 12.05.2009 geführten Interviews. KIT-Archiv, 28503, 122.

tutionalisierung der Zusammenarbeit gekommen. Ein Rechenzentrum, von beiden Partnern auf gleicher Augenhöhe betrieben, hätte eine neuartige Verschränkung bewirkt. Diese Idee bot offensichtliche Vorteile. Der gemeinsame höhere Bedarf an Rechenkraft hätte Beschaffungsanträgen mehr Gewicht verliehen, und die Chancen auf leistungsfähigere und aktuellere Maschinen wären gegenüber Mitbewerbern gestiegen.

Neben dieser Idee kam eine noch weiter reichende Möglichkeit der Kooperation ins Spiel. Die Bundesregierung hatte die Wichtigkeit des Ausbaus von Rechenanlagen erkannt und die Einrichtung von sechs *Regionalen Rechenzentren* ausgeschrieben. 85 % der Etats sollten dabei vom Bund und 15 % vom jeweiligen Bundesland finanziert werden. Fünf dieser Zentren waren bereits vergeben worden, als das Thema in Karlsruhe aufgegriffen wurde. Die Chance, gemeinsam das letzte Regionale Rechenzentrum der Bundesrepublik zu gründen, bot sich in der gegebenen Situation zum richtigen Zeitpunkt. Beide Partner bildeten eine Kommission zur Gründung eines paritätisch geleiteten Rechenzentrums. Die Gespräche begannen auf Ebene der unmittelbaren Akteure. Der Entwurf einer Organisationsform für das gemeinsame Rechenzentrum erwies sich jedoch als schwierig. Die Ausgangssituationen beider Einrichtungen waren nach wie vor sehr unterschiedlich, und für substanzielle Verhandlungen fehlten belastbare Zahlen zum erwartbaren Bedarf an Rechenleistung. Angesichts schleppender Verhandlungen wurden auf beiden Seiten alternative Optionen ausgelotet, falls der geplante institutionelle Zusammenschluss nicht möglich sein sollte. Dennoch kam es im Jahr 1969 zu dem detaillierten „Memorandum über ein gemeinsames Rechenzentrum der Universität und des Kernforschungszentrums Karlsruhe".[34] Vertreter beider Einrichtungen hatten daran mitgewirkt. Seitens der Universität waren dies Ulrich Kulisch, Klaus Neumann und Manfred Niedereichholz, für das Zentrum hatten sich Gerhard Krüger und Hans Stittgen beteiligt. Das Konzept sieht eine dauerhafte Zusammenarbeit „auf der Grundlage der Gleichberechtigung beider Partner" vor. Dem neuen Rechenzentrum sollte unter einem Leitungsorgan in Form einer gemeinsamen Kommission beider Träger weitgehende Selbstständigkeit eingeräumt werden, die Verwaltung von Personal und Finanzen beim Kernforschungszentrum liegen. Neben den Vorteilen bei der Beschaffung neuer Maschinen, die sich durch den höheren Bedarf eines solchen joint ventures ergeben hätten, stand das Motiv, Betriebskosten durch die Vermeidung von Doppelstrukturen einzusparen. Die Universität profitiere von dem Projekt vor allem dadurch, so das Memorandum, dass sie an weitaus bessere Rechenmaschinen als im alleinigen Betrieb gelangen könne.

---

[34] KIT-Archiv, 27062, 166 (März 1969).

Für das Kernforschungszentrum war neben diesem Aspekt der Kontakt zum universitären Umfeld essenziell:

„Auf der anderen Seite ist für die GfK die Zusammenarbeit mit der Universität, z.B. bei der Durchführung von gemeinsamen Forschungsobjekten [sic], beim wissenschaftlichen Gedankenaustausch und bei der Gewinnung und Weiterbildung qualifizierter Mitarbeiter sehr attraktiv und von großem Nutzen."[35]

Das Rechenzentrum wurde nicht allein als Serviceeinheit, sondern auch als Forschungsbereich gesehen:

„Die Projektierung, der Aufbau und der Betrieb eines Rechenzentrums, das eine derartige Vielfalt an Anwendungsbereichen zu betreuen und auch rein räumlich ein nicht geringes Gebiet abzudecken hat, stellt [...] selbst bereits ein äußerst interessantes Entwicklungs- und Forschungsprojekt dar."[36]

Für beide Seiten hätte eine Fusion der Rechenzentren also einen mehrfachen Nutzen gehabt. Jedoch brachte eine Verhandlungsrunde von Kernforschungszentrum und Universität sowie den Geldgebern Bund und Land das Vorhaben im Juli 1969 zum Stillstand. Die Notwendigkeit eines neuen Verwaltungsabkommens zwischen Bund und Land schreckte die Entscheidungsträger ab.[37] Die so an der gemeinsamen Gründung gehinderten Partner gingen dennoch einen Schritt aufeinander zu, indem sie eine Mitbenutzung der Anlagen des Kernforschungszentrums durch die Universität vereinbarten. Mit der feierlichen Unterzeichnung eines Vertrags über die Rechnernutzung starteten beide Einrichtungen in die 1970er Jahre. Die Vereinbarung zur Zusammenarbeit der Rechenzentren wurde über Jahrzehnte erneuert und bestand bis zu einer weiteren Verdichtung dieser Kooperation im Jahr 1996, von der noch die Rede sein wird.

Warum wurde dieser partielle Fusionsversuch trotz seines Scheiterns beschrieben? Der Ansatz zeigt auf, dass beide Seiten in ihrem Bestreben um Annäherung an institutionelle Grenzen stießen. Das Modell der Regionalen Rechenzentren mit einer Mischfinanzierung durch Bund und Land hatte die Hoffnung aufkommen lassen, dass hier eine gemeinsame Förderung auch

---

[35] Ebd. S. 11.
[36] Ebd. S. 10.
[37] Kulisch (wie Fn. 31), S. 30.

unter Einbezug von Universität und Zentrum möglich sei. Die von den Unterschieden der Rechtsform und der Trägerschaft beider Partner wesentlich motivierte Ablehnung der Geldgeber gab für mehr als drei Jahrzehnte einen Haltepunkt für weitere Versuche vor, die Kooperation von Universität und Zentrum zu gestalten.

In dieser Situation kam dem institutionellen und persönlichen Kontakt zwischen einzelnen Wissenschaftlern weiterhin eine hohe Bedeutung für die Anbahnung von Gemeinschaftsprojekten zu. Hans-Henning Hennies, der von 1975 bis 1999 im Vorstand des Forschungszentrums wirkte, beschreibt das so:

> *Für diese rein fachliche Tätigkeit ging man nicht an das Rektorat. Man ging an die Dekane, an die Fakultäten. [...] Das waren im Wesentlichen Maschinenbau, Physik, Elektrotechnik, Chemie. Also sprach man mit den Dekanen. Man hat ja natürlich nicht nur die formelle Schiene, sondern man trifft sich ja auch sonst mal. Oder man trifft sich mit den ehrwürdigen Professoren der Fakultät, denn die Dekane wechselten alle zwei Jahre. Das [...] war ja keine Institution, die sozusagen auf immer Ansprechpartner war. Also das ging ad hoc, mal so, mal so.*

Die hier ein weiteres Mal angesprochenen Fakultäten und die ihnen angehörigen Lehrstuhlinhaber trugen und gestalteten auch die fortlaufende Praxis des Karlsruher Modells. Von entscheidender Bedeutung war hier der Modus, nach dem sich die Vertreter beider Einrichtungen in Berufungsverfahren abstimmen konnten. Nach Einschätzung von Hennies war das zu seiner Zeit befolgte Prozedere durchaus sinnvoll:

> *Ich selbst kam 1975 hier ins Forschungszentrum in den Vorstand, und meine Rückblende ist, dass ich diverse gemeinsame Berufungsverfahren seitens des Forschungszentrums geleitet habe. Diese gemeinsamen Berufungsverfahren verliefen so, dass eine gemeinsame Kommission zwischen Universität und Forschungszentrum gegründet wurde, die jeweils einen Vorsitzenden der beiden beteiligten Institutionen hatte – und auch die Zusammensetzung zunächst einmal unabhängig definierte. Das war dann Sache der Fakultäten. Wobei nicht nur der Maschinenbau vertreten war – auch die Chemie war vertreten, die Physik, die Materialwissenschaften, die aber unter dem Dach des Maschinenbaus agierten. Und dann tagte man in gemeinsamer Sitzung, legte den Ausschreibungstext gemeinsam fest und bewertete dann auch die eingehenden Bewerbungen. Letztlich kam es dann auch zum Anhören der Kandidaten für die engere Wahl in gemeinsamer Sitzung. Und dann kommt das Spannende: Formal waren diese beiden Kommissionsteile ja voneinander unabhängig und hatten*

auch andere oder verschiedene Zustimmungsbedürfnisse. Die Herren der Universität mussten die Zustimmung der Fakultät haben und letzten Endes wohl auch des Senats. Das Forschungszentrum musste die Zustimmung des Gesamtvorstandes und des Wissenschaftlich-Technischen Rates und letztlich des Aufsichtsrates haben. Und das Erstaunliche ist, dass wir diese an und für sich komplizierte Struktur immer im Einvernehmen gemeistert haben. Das lag natürlich an den Personen. [...] Das heißt, auch wenn eine Kommission 20 Mitglieder hatte, dann war die Tätigkeit der beiden Vorsitzenden nicht ganz unwichtig. Und ich erinnere mich an mehrere Sitzungen, wo dann kurz vor Schluss die beiden Teile noch mal getrennt berieten und die beiden Vorsitzenden sich dann trafen außerhalb der Sitzungen. Dann war eigentlich die Entscheidung weitgehend vorbereitet und dann eine formale Sache.

Hennies' Schilderung macht deutlich, dass sich mit dem Karlsruher Modell nicht nur eine Regelung der von den gemeinsam Berufenen in Universität und Zentrum zu erfüllenden Funktionen, sondern auch ein bestimmtes Vorgehen bei der Auswahl der Kandidaten etabliert hatte. Dies ist umso bemerkenswerter, als die Verfahrensweise bei gemeinsamen Berufungen im bilateralen Konsens gefunden und nicht durch Vorgaben aus dem Hochschul- oder Gesellschaftsrecht bestimmt wurde. Neben Hennies' abschließendem Verweis auf die gelegentliche Schwierigkeit der Verfahren vermittelt diese Zeitzeugenaussage den Eindruck einer eingespielten Praxis. Die Kooperation bei Berufungen befand sich in der Routinephase, als Universität und Zentrum nach 1980 in Veränderungsprozesse eintraten, mit denen sich auch neue Formen der Zusammenarbeit ergaben.

5. Druck von außen – Handlungsbedarf nach innen (1980-1999)

Die 1980er Jahre waren sowohl für das Kernforschungszentrum als auch die Universität eine Zeit des Wandels. Seit dem Ende der 1970er Jahre nahm am Kernforschungszentrum der nicht-kerntechnische Bereich größeren Raum ein. Grundlagenforschung und bald auch die Umwelttechnik zeichneten sich langsam als Aufgabengebiete ab, die das Profil des Zentrums in den kommenden Jahrzehnten prägen sollten. 1981 wurde der Forschungsreaktor FR 2 abgeschaltet, dessen Bau die zentrale Aufgabe der Gründungszeit gewesen war. Das seit 1962 betriebene Projekt zur Entwicklung der Schnellbrütertechnologie wurde 1989, nach der Fertigstellung des Reaktors in Kalkar, abgeschlossen. Ein Jahr später endete der Betrieb der Wiederaufarbeitungsanlage Karlsruhe. Schon lange war klar gewesen, dass die kerntechnischen Fragestellungen nicht auf Dauer den Hauptschwerpunkt des Zentrums bilden würden. Weichenstellungen, die schon einige Jahre vor den Endpunkten der kerntechnischen Projekte erfolgt waren, stießen eine langsame, aber grundlegende Veränderung an. Aufgrund dieses frühzeitig eingeleiteten Wandels stand die Zukunft des Zentrums nicht in Frage. Hierzu beigetragen hatten auch neue Kooperationen mit der Fridericiana.

Für die Universität machten sich ab 1980 vor allem zwei Faktoren bemerkbar: geringere Mittel und stetig steigende Studentenzahlen. Knappere Steuereinnahmen verringerten zunächst den Zuwachs an staatlichen Forschungsmitteln. Zu Anfang der 1990er Jahre forderte dann die deutsche Wiedervereinigung auch in der Wissenschaft eine besondere Anstrengung. Die Hochschulen der alten Bundesländer mussten im Zuge des Solidarpakts der Bundesregierung mit den Bundesländern auf einen Teil der gewohnten Förderung verzichten. Die Einwerbung von Drittmitteln, worin die Karlsruher Universität im bundesweiten Vergleich traditionell eine Spitzenposition einnahm, wurde noch wichtiger. Die brisante Kombination rückläufiger Mittel und steigender Studentenzahlen führte zu einer Verschlechterung der Relation von Lehrkräften zu Studierenden, die sich in den gesamten 1980er Jahren nicht merklich verbessern ließ. Heinz Kunle, Rektor der Fridericiana von 1983 bis 1994, sieht die Herausforderungen der Massenuniversität folgendermaßen:

In meiner Zeit war es so, dass wir pro Jahr etwa 1.000 Studenten mehr hatten. Ich habe im Jahr '93 ziemlich genau 11.000 Studenten mehr gehabt als bei meinem Amtsantritt. Vorgefunden habe ich etwa 10.000, und hinterher, als ich aufhörte, waren es 22.000. [...] Wir hatten um das Jahr '89 herum das Problem, dass wir keinen Hörsaal mehr hatten für die

Abb. 20. Letztmalige Schnellabschaltung des Forschungsreaktors FR 2 am 21. Dezember 1981. Im Vordergrund mit ausgestrecktem Arm Prof. Karl Wirtz.

> *Anfängervorlesung der Wirtschaftsfakultäten. Und da gab es dieses Laborgebäude, diese Halle hier draußen am Fasanengarten, die sollte eigentlich eine Laborhalle für die Verfahrenstechnik- und Maschinenbaufakultät [i.e. die Fakultät für Chemieingenieurwesen und die Fakultät für Maschinenbau] werden. Und dann habe ich gesagt: „Also wir müssen das Ding umfunktionieren. Das muss ein Hörsaal werden, und zwar innerhalb von fünf Monaten! Denn im September stehen die da, und wir können die Fakultät nicht mehr betreiben." [...] Bestimmend war in meiner Amtszeit [...] das Überlastungsproblem. Den Leuten hing es zwar sicher allmählich zum Hals raus, aber ich habe es bei jeder Jahresfeier nicht unterdrücken können, denn das war das Alpha und Omega, an dem alles andere rankte oder hing.*

In dieser Situation wurde für die Universität die Zusammenarbeit mit dem Kernforschungszentrum noch wichtiger. Als neues Kooperationsgebiet kam unter anderem der Ausbau der Meteorologie in Betracht. In diesem Bereich wurde bereits an Kernforschungszentrum und Universität gearbeitet. Am Zentrum waren vor allem meteorologische Überwachungsdaten für den Betrieb der kerntechnischen Anlagen gesammelt worden. Als Vorstand für nichtkerntechnische Aktivitäten des Zentrums sondierte Wolfgang Klose deutsch-

Abb. 21. Unterzeichnung des Vertrags über die Gründung des Instituts für Meteorologie und Klimaforschung am 25. Januar 1985. Von links: Dr. Uwe Nobbe, (nicht identifiziert), Prof. Franz Fiedler, Dr. Hellmut Wagner, Dr. Gerhard Selmayr, Prof. Wolfgang Klose, Rektor Prof. Heinz Kunle, Vorstandsvorsitzender Prof. Horst Böhm, (nicht identifiziert), Prof. Hans Wondratschek.

landweit im universitären Umfeld, wo sich Partner für eine längerfristige Zusammenarbeit anboten. Der Vorstoß wurde von etablierten deutschen Universitätsinstituten nicht ohne Bedenken aufgenommen, denn das Volumen der dem Zentrum zufließenden Bundesförderung war geeignet, Sorgen vor einer Vereinnahmung zu wecken. An der Universität Karlsruhe bestand an der Fakultät für Physik ein Meteorologisches Institut, das auf eine lange Geschichte zurückblicken konnte, die bis zu den Anfängen der Polytechnischen Schule reichte. Franz Fiedler leitete das im obersten Stockwerk des Physikhochhauses untergebrachte Institut seit 1978. Die meteorologische Forschung war an der Universität bereits etabliert. Eine Neugründung nach dem Karlsruher Modell kam daher nicht in Frage. Die am Zentrum vorhandenen Mittel boten dem relativ kleinen universitären Institut jedoch die Aussicht auf eine beträchtliche Expansion und eine bessere Betreuung der Studierenden. Wie konnten die an Universität und Zentrum bestehenden Einrichtungen nun zu einem neuen gemeinsamen Institut verbunden werden?

Erste Versuche gestalteten sich noch schwierig. Fiedler berichtet von einem Anruf aus dem Kernforschungszentrum, in dem er gefragt wurde, ob er sich vorstellen könne, die Hälfte seiner Professur für einen neuen Institutsleiter im Kernforschungszentrum abzugeben. Sowenig dies ein gangbarer Weg war, kam es in der Folge doch zu Verhandlungen über die Ausgestaltung eines gemeinsamen Instituts. Mit dem einzubringenden Institut hatte die

Universität eine deutlich andere Verhandlungsbasis als bei den bisherigen Neugründungen nach dem Karlsruher Modell. Auch hatten Ängste vor einer Übernahme des gegenüber dem Zentrumsbestand kleineren Universitätsinstituts die Studierenden soweit mobilisiert, dass diese mit der Parole „Kernforschungszentrum schluckt Meteorologisches Institut" Aufmerksamkeit erregten. In dieser Gemengelage der Motivationen wurde eine für beide Seiten annehmbare und auch vorteilhafte Lösung gefunden. Der Weg dorthin wurde wesentlich durch die Tatsache erleichtert, dass an der Fakultät für Physik bereits Erfahrungen im gemeinsamen Betrieb eines Instituts vorhanden waren. Fiedler konnte auf den Rat seiner Kollegen Anselm Citron (Institut für Experimentelle Kernphysik) und Werner Heinz (Institut für Technische Physik/Kernforschungszentrum und Institut für Experimentelle Kernphysik/ Universität) bauen:

> *Ich hatte in Professor Heinz, der diese duale Situation bereits am Institut hatte, auch in Professor Citron und den Kollegen immer eine sehr große Unterstützung. Insbesondere Professor Heinz hat mir ganz am Anfang Hinweise gegeben, worauf ich achten sollte und wo ich sehen sollte, dass das in guter Richtung gelöst wird. Und auch innerhalb der Fakultät habe ich eigentlich kaum Probleme vorgefunden.*

Auf der Grundlage der Erfahrungen aus den bisherigen gemeinsamen Berufungen kam es zu einer neuen Gestaltung der Zusammenarbeit, die von den entscheidenden Gremien beider Seiten befürwortet wurde. Fiedler umreißt das Verhandlungsergebnis wie folgt:

> *Die Abstimmung innerhalb der Fakultät und auch innerhalb der Universität ging dann sehr knapp aus, positiv, dass wir eine Konstruktion gewählt haben, dass der Leiter des Meteorologischen Instituts der Universität gleichzeitig auch Leiter eines Instituts im Forschungszentrum wird – also in Personalunion – und der neu zu berufende Leiter im Forschungszentrum über eine Honorarprofessur Deluxe – das heißt also eine Professur, die quasi mit einem persönlichen Ordinariat der Universität ausgestattet ist – dann auch berufen wird. Und so haben wir ein neues Institut gegründet, das juristisch formuliert hieß: Es wird gemeinsam betrieben von Universität und Kernforschungszentrum. Der Universitätsteil hat seine Ressourcen in Personal und Geräte und so weiter eingebracht, und das Kernforschungszentrum hat auch neue Stellen in dieses Institut eingebracht.*

Die einer Doppelspitze zumindest ähnliche Personalsituation ist die vielleicht markanteste Abweichung, mit der sich das zum Beginn des Jahres 1985 von Universität und Zentrum gemeinsam gegründete Institut für Meteorologie und Klimaforschung von der bisherigen Praxis des Karlsruher Modells unterschied. Der zusätzlich Berufene war Herbert Fischer. Zu den bisherigen Varianten des Karlsruher Modells kam nun als weitere Spielart ein „Kombinationsmodell", das die seit längerem bestehenden Einrichtungen beider Seiten zusammenbrachte.

Diese Form der Kooperation war erfolgreich, auch wenn sie formale Hürden überwinden musste. So entstand eine Institutsordnung nach Regeln des Kernforschungszentrums, die nicht in allen Punkten mit der Grundordnung der Universität vereinbar war. Beispielsweise sollte die Geschäftsführung im turnusmäßigen Wechsel zwischen dem Leiter aus dem Kernforschungszentrum und dem Leiter aus der Universität wahrgenommen werden. Diese Regelung nahm dem am universitären Institutsteil beheimateten außerplanmäßigen Professor Karl Höschele seine hochschulrechtlich gegebene Möglichkeit, ebenfalls in die Geschäftsführung einbezogen zu werden. Bei einem solchen Einschnitt kam es nicht nur auf den Konsens der unmittelbar Betroffenen, sondern auch darauf an, dass die Universitätsleitung ihren Segen gab. Fiedler berichtet von großer Unterstützung aus der Universitätsverwaltung:

Der damalige Kanzler, Herr Selmayr, hat mich dabei sehr positiv unterstützt. Also zum Beispiel, als wir diese Institutsordnung nach den Regeln des Forschungszentrums gemacht haben, hat er immer gesagt: „Solange es läuft, ist es in Ordnung." Und hat also nicht darauf gedrungen: „Hier steht in der Universität das und das drin, das muss so gemacht werden." Also insofern bin ich da auch sehr dankbar, dass man von der Universitätsleitung da auch sehr stark unterstützt worden ist in dieser Richtung. Und insgesamt gesehen muss man sagen, ist das auch damals ohne ein Landesgesetz [gemacht worden], wo diese Dinge – wie es heute geschieht – wesentlich klarer geregelt sind.

Persönliche Kontakte und Abstimmung mit den zuständigen Gremien waren auch hier entscheidend, um zu einer Einigung zu kommen. Im Licht der KIT-Gründung ist dieser Fall von besonderem Interesse. Beide Male brachten Hochschule und Kernforschungszentrum eine „Mitgift" – so Fiedler – in die Verhandlungen ein. Auf Institutsebene machte man hier schon einmal die Erfahrung einer Fusion.

Natürlich war eine dauerhafte Kombination bestehender Einheiten zu einem neuen Institut nicht immer nötig, um weitere Kooperationen zustande zu bringen. Auch durch eher zufällige Situationen ergaben sich gemeinsame Forschungsvorhaben, in denen Impulse und Spezialkompetenzen beider Einrichtungen zum Tragen kamen. Beispielhaft ist eine Kooperation, die aus tagesaktuellen Überlegungen entstand. Nach dem Reaktorunfall in Tschernobyl hatte sich die deutsche Kontroverse um die Nutzung der Kernenergie intensiviert, und die bestehenden Sicherheitsstandards wurden einer kritischen Überprüfung unterzogen. Günther Keßler, damals Honorarprofessor an der Fakultät für Maschinenbau und am Zentrum Nachfolger von Karl Wirtz in der Leitung des Instituts für Neutronenphysik und Reaktortechnik, war seit Anfang der 1980er Jahre Mitglied der Reaktor-Sicherheitskommission, die ab 1986 das neugegründete Bundesministerium für Umwelt, Naturschutz und Reaktorsicherheit beriet. Zu dieser Kommission gehörte auch Josef Eibl, Leiter des Instituts für Massivbau und Baustofftechnologie der Universität, der sich hauptsächlich mit Brückenbau beschäftigte. Eibl und Keßler fuhren regelmäßig zusammen mit der Bahn von den Kommissionssitzungen in Bonn zurück. Selbstredend war Tschernobyl auf diesen Fahrten ein Gesprächsthema. Beide machten sich Gedanken, wie eine solche Katastrophe hätte vermieden werden können. Keßler fasst diese ab 1987 stattgefundenen Zuggespräche so zusammen:

> *Der Professor Eibl von der Universität hat als Erster angefangen und hat mich immer gequält und hat gesagt: „Man kann doch nicht einfach so weitergehen [nach Tschernobyl]. Wenn Du mir die Kräfte sagst und die Momente – ich bau' Dir ein Containment drum herum, das das [den Druck bei Explosionen nach einer Kernschmelze] aushält. Ich bin gewohnt, 30.000 Tonnen mit der Brücke zu machen." Und das ging also über ein, zwei Jahre. Und wir sind immer mit dem Zug nach Hause gefahren, und Eibl hat immer wieder gebohrt. Und eines Tages hatte er mich so weit, dass ich mich den ganzen Sommer hingesetzt habe. Und habe also die wesentlichen Punkte, die Kräfte und Drücke und so weiter verursachen, die zum Versagen dieses Containments in Tschernobyl führten und auch bei einem deutschen oder westlichen Reaktor führen könnten, bestimmt.*

Aus den gemeinsamen Zugfahrten entwickelte sich ein interdisziplinäres Forschungsprojekt, bei dem es nicht nur darum ging, das Risiko eines Super-GAUs klein zu halten, sondern auch eine im worst case beständige Eindämmung zu konstruieren, die zuvor nicht vorgesehen gewesen war. Eibl entwickelte in seinem Institut ein Doppelcontainmentsystem, und Keßler berechnete am Kernforschungszentrum die Obergrenzen für Kräfte, Drücke und Temperaturen. Auch andere Institute des Kernforschungszentrums brachten Arbeit in dieses Projekt ein. Hieraus entwickelte sich eine neuartige Aufgabenstellung des Zentrums, die auch nach dem Ausscheiden Eibls und Keßlers

Bestand hatte. Aus ihrem Ansatz gingen wichtige internationale Kooperationen hervor, und die Ergebnisse schlugen sich in der deutschen Gesetzgebung zur Reaktorsicherheit nieder. Keßler beschreibt diese spannende Zeit so:

Das hat sich dann so weit verzweigt, dass ich eines Tages die besten russischen Theoretiker aus Moskau von dem berühmten Kurtschatow-Institut einfach eingeladen habe. Die hatten dreidimensionale Detonationsprogramme. Die haben wir auf unseren Vektorrechner gebracht und haben damit die Detonation in den verschiedenen Punkten des Containments durchgerechnet und dann ein Overall, eine einschließende Druckkurve, dem Eibl vorgegeben, und der hat das Containment konstruiert. Das hat ungefähr fünf Jahre gedauert, bis die ganzen deutschen Sicherheitsorganisationen langsam gesagt haben: „Na ja, da ist ja doch was dran [...]." Die deutsche Reaktor-Sicherheitskommission hat zusammen mit dem Ministerium gearbeitet. Und da ist es dazu gekommen, dass es in Deutschland sogar in einem Gesetz, dem Atomgesetz, bestimmt wurde, dass alle zukünftigen Reaktoren nur noch so gebaut werden, dass wenn der Kern niederschmelzen oder auseinander fliegen würde, nach außen nicht mehr so viel oder nur noch wenig Radioaktivität austritt, sodass man nicht mehr die Bevölkerung evakuieren muss. [...] Das war also die Zusammenarbeit mit Eibl – sehr, sehr fruchtbar. Wir haben da immer zusammen gekämpft.

Dies ist nur ein Beispiel der Kooperationen von Kernforschungszentrum und Universität, die schon vor dem institutionellen Zusammenschluss möglich waren. Flexibilität in der Bearbeitung und der Umsetzung von Ideen spielte hier eine wichtige Rolle. Die Orientierung an einer Problemstellung war oft der Auslöser, um Institutions- und Fachgrenzen zu überschreiten und gemeinsame Lösungen zu erarbeiten. Gerade die für das Kernforschungszentrum wie für die Universität charakteristische Kombination von Grundlagenforschung mit auf technische Anwendung gerichteten Arbeiten erleichterte es, Forderungen nach Interdisziplinarität zu entsprechen.

Auch die Fortführung bestehender Kooperationen des Kernforschungszentrums mit der Universität erforderte Flexibilität, insbesondere dann, wenn ein personeller Wechsel bei leitenden Wissenschaftlern anstand. Mit deren Emeritierung oder Übertritt in den Ruhestand war zu prüfen, ob die bisherigen Aufgabenbeschreibungen der durch wissenschaftlichen Fortschritt und technische Entwicklung gewandelten Situation noch entsprachen. Manche Aufgaben waren nach einer gewissen Zeit abgearbeitet, sodass eine inhaltliche Neuorientierung nötig war. Oder man erkannte, dass zur Lösung der gegenwärtigen Probleme neue oder weitere Partner gebraucht wurden.

Ein Beispiel für eine solche Umorientierung ist die Emeritierung von Professor Anselm Citron, dessen Lehrstuhl am Institut für Experimentelle Kernphysik im Institutsgebäude auf dem Gelände des Kernforschungszentrums untergebracht war. Da dieser Lehrstuhl nicht wieder besetzt wurde, stellte sich die Frage, was mit der zugeordneten Forschungsgruppe geschehen sollte. Peter Komarek, Leiter des Teilinstituts III des Instituts für Experimentelle Kernphysik, berichtet, wie diese Gruppe aus der Physik an die Fakultät für Elektrotechnik überwechselte:

> *Herr Citron war in Pension gegangen, und das Institut [= Teilinstitut II des Instituts für Experimentelle Kernphysik] sollte nicht fortgeführt werden. Und er hat einen Teil gehabt, der hat Höchstfrequenztechnik für die Fusion gemacht, Gyrotron-Entwicklung. Das waren so zehn, fünfzehn Leute. Und da hat es dann geheißen: Ja, wohin damit? Und das war dann klar, das geben wir in die Technische Physik [am Kernforschungszentrum], die machen ohnedies die Fusionsentwicklungen. Da brauchten wir aber dann einen Leiter. Wir haben dann mit der Universität einen Vertrag gemacht, mit der Elektrotechnik-Fakultät [...]. Die Universität, die Elektrotechnik-Fakultät, hat eine C 3-Stelle – damals waren das noch C-Stellen – zur Verfügung gestellt für den Mann, und wir [am Kernforschungszentrum] haben gesagt: „Okay, wir geben dem einen Abteilungsleitervertrag hier, darüber hinaus." Also eine durchaus attraktive Position. Und das haben wir ausgeschrieben mit einer kleinen Berufungskommission: universitätsseitig Leute, von unserer Seite Leute. Und haben dann einen sehr guten Mann gefunden, das ist der Professor Thumm heute. Der hat das dann übernommen und war dann Abteilungsleiter bei mir. Und das hat sich wunderbar entwickelt. [...] Aber das funktioniert auch nur, wenn die Leute miteinander können. Der entsprechende Teil der Elektrotechnik, das war damals der Professor Wiesbeck, der jetzt auch schon emeritiert ist, bei dem war die C 3-Stelle angesiedelt, und er sagte: „Ja, das interessiert mich, das machen wir." Und die Fakultät hat dem zugestimmt. Ohne sowas geht es nicht. Nicht von oben herab, sondern von unten!*

Citrons Forschungsgruppe aus dem aufgelösten Teilinstitut wurde also in das vom Kernforschungszentrum allein betriebene Institut für Technische Physik umgesetzt. Um dem veränderten fachlichen Zusammenhang besser Rechnung zu tragen, erhielt die Gruppe auch eine neue universitätsseitige „Heimstätte" bei der Fakultät für Elektrotechnik.

Die Veränderungen an beiden Einrichtungen brachten Bewegung in die Formen der Zusammenarbeit. Über längere Zeit lag die Initiative vorrangig bei

Abb. 22. Erster Spatenstich für das Forschungszentrum Umwelt der Universität Karlsruhe (TH) am 7. April 1995. Von links: Ministerialdirigent Georg Bopp, Altrektor Prof. Heinz Kunle, Finanzminister Gerhard Mayer-Vorfelder, Rektor Prof. Sigmar Wittig.

einzelnen Forschern. Ab dem Ende der 1980er Jahre kam es zu umfassenderen Kooperationsformen, deren Einrichtung von Anfang an eine Beteiligung der leitenden Organe beider Institutionen erforderte. Die gefundenen Konstruktionen im Bereich der Umweltforschung und der Nanotechnologie können bereits als partielle Vorläufer späterer KIT-Strukturen betrachtet werden.

Umweltforschung wurde schon seit längerem an der Universität betrieben, vor allem in der Bauingenieurfakultät sowie an der Fakultät für Bio- und Geowissenschaften und an der Fakultät für Chemieingenieurwesen. Rektor Kunle hatte bereits 1986 eine Umfrage an der Universität gestartet, welche Fakultäten mit Umweltfragen befasst waren.[38] Ein Drittel der damals 120 Institute hatte eine positive Rückmeldung gegeben. Hierdurch bestärkt, wurden Planungen zu einem Forschungsschwerpunkt Umwelt vorangetrieben. Kunle beschreibt seine Anstrengungen in diesem Bereich wie folgt:

[38] KIT-Archiv, 21002, 68; 21002, 707; 24/06, 17; 24/06, 21.

Ich habe da am Anfang mal eine große Umfrage gestartet und habe alle Institute angeschrieben, sie sollen doch mal mitteilen, ob sie Umweltforschung im weitesten Sinne machen, welcher Art und wie weit ihr Interesse ginge, wenn diese Dinge etwas stärker koordiniert gebündelt werden. Mit wem sie zusammenarbeiten, oder mit wem sie gerne zusammenarbeiten würden, wenn sie könnten, auch im Forschungszentrum draußen. [...] Dadurch wurde das dann eben alles ein bisschen besser publik, und es führte bei uns im Rektorat zu Überlegungen, die Umweltforschung zu stützen. Und da kam ja dann das Umweltzentrum zu Stande. Das war ein harter Kampf, dieses große Gebäude durchzukriegen in Stuttgart gegen die Bauwünsche der acht anderen Universitäten im Land. Und das haben wir dort geschafft. Das war so, dass dann schließlich und endlich im Jahr 1993 – ich war gerade nicht mehr Rektor, Herr Wittig hat dann die Stabführung übernommen – das Umweltforschungszentrum eingeweiht werden konnte. Aber ich hatte das große Vergnügen, dabei zu sein und zu sehen, dass dieses Kind nun wirklich auf die Welt gekommen war. Heute [im Jahr 2010] ist es ja noch ein Stück weiter gediehen, da gibt es jetzt in der Umweltforschung ein Kompetenzzentrum, das ein gemeinsamer Schwerpunkt ist.

An dieser großen Anstrengung waren viele Partner beteiligt. Die badenwürttembergische Landesregierung rief 1989 einen *Forschungsschwerpunkt Umwelt Karlsruhe* ins Leben, einen Kooperationsverbund von Universität, Kernforschungszentrum, Landesamt für Umweltschutz und drei Fraunhofer-Instituten.[39] Auch das Kernforschungszentrum hatte sich schon um Umweltthemen gekümmert, etwa im Rahmen des Europäischen Forschungszentrums für Maßnahmen zur Luftreinhaltung, sodass nun ein gemeinsames Engagement nahelag. Für das in der Neuorientierung begriffene Kernforschungszentrum ergab sich mit diesem Themenkomplex ein zukunftsträchtiges Arbeitsfeld.

Die Nanotechnologie etablierte sich ein Jahrzehnt später als eine neue Profilspitze. Manfred Popp, der damalige Vorstandsvorsitzende des Forschungszentrums, erinnert sich im Interview zu diesem Vorhaben:

Das erste Mal, dass wir wirklich angefangen haben, eine strategische Kooperation aus dieser Partnerschaft [zwischen Forschungszentrum und Universität] zu machen, das kam mit dem Thema Nanotechnologie. Das

---

[39] Umweltforschung – Umwelttechnik. Forschungsvorhaben 1993 und 1994, hg. v. Forschungsschwerpunkt Umwelt Karlsruhe (FUM), 1993.

Nanoinstitut war ja im Forschungszentrum, das ist '97 / '98 entstanden. Damals war der Herbert Gleiter im Vorstand, der einer der Nanopäpste in Deutschland ist, der Nanomaterialien entwickelt hat, sehr früh. Und der war auch deshalb im Vorstand, weil ich in dieses Gebiet schon Anfang der 90er Jahre rein wollte, weil mir das geeignet erschien für das Zentrum. Von der Dimension her, von der Interdisziplinarität, die das erfordert, her. Und '97 kam er zusammen mit [Dieter] Fenske und Jean-Marie Lehn aus Straßburg zu mir, und sie schlugen vor, dass wir ein Institut im Zentrum gründen, in dem sich sozusagen eine kooptierte Professorenschaft zusammenfindet, um in Gestalt von ihnen geleiteter Gruppen in diesem Institut eine interdisziplinäre Forschungswelt aufzubauen. Und das war alles genau das, was ich gesucht habe. Das Problem war, dass dieses Institut anders als alle anderen, die ich umstrukturiert habe, keine Vorläufer hatte. Also wir mussten das gänzlich – also Personal und Sachmittel und sowas –, gänzlich aus dem Stand heraus schnippeln. Und Sie wissen ja, dass im Forschungszentrum ein hoher Grad der wissenschaftlich-technischen Mitbestimmung galt. Es gab den WTR [= Wissenschaftlich-Technischen Rat], ohne dessen Zustimmung der Vorstand gar nichts machen konnte. Ich musste also den WTR davon überzeugen, dass alle Institute jetzt ein Stück abgeben mussten, dass wir dieses neue bauen konnten. Wir haben das mit der Uni verhandelt, für die das ja auch nicht ganz einfach war, dass da jetzt ein neues Institut im Zentrum entstand. Und wir mussten das natürlich mit Bund und Land absichern, das ist aber innerhalb von einem Jahr gelungen. Wir haben dann in Rekordzeit dieses Institut aufgebaut. Weil wir in diesem Jahr schon verschiedene Gruppen praktisch dafür vorgesehen hatten. Und dadurch, dass Herr Gleiter dann aus dem Vorstand ausschied und dann am selben Tag, praktisch am Nachmittag nach der Aufsichtsratssitzung anfing. Woanders hat allein die Suche nach einem Gründungsdirektor für diese Nanoinstitute Jahre in Anspruch genommen. Das ist bei uns innerhalb von einer Stunde erledigt gewesen. Dann ist dieses Institut entstanden. Und das war für uns natürlich schon eine ganz unheimlich spannende Sache. Raketenhaft hat sich das entwickelt und sehr, sehr gute wissenschaftliche Ergebnisse erzeugt.

Das Forschungsgebiet Nanowissenschaften leitete eine neue Phase der gegenseitigen Wahrnehmung von Forschungszentrum und Universität ein. Deutlicher wurde dies laut Popp vor allem durch die neue Konkurrenzfähigkeit, die aus dieser Kooperation Ende der 1990er Jahre erwuchs:

Es gab dann eine Ausschreibung für ein Nanoforschungszentrum von der DFG. Da ist die Uni Karlsruhe angetreten, aber ich würde mal sagen:

> *Ein gutes Drittel dieses Antrags kam aus dem Nanoinstitut, das ja auch schon ein gemeinsames Institut mit der Uni war. Und natürlich sehr viel Substanz kam daher, weil das ja schon zwei, drei Jahre lief zu dem Zeitpunkt. Und es war dann, als dieser Wettbewerb knapp gegenüber der Hamburger Konkurrenz gewonnen wurde, da ist es der Uni aufgegangen, dass sie das ohne das Zentrum nicht gewonnen hätten. Und da ist sozusagen die Einsicht entstanden und gewachsen, dass wir, wenn wir [...] wirklich strategisch auf bestimmte Ziele hin unsere Kräfte bündeln, dass wir dann eigentlich national kaum noch zu schlagen sind. Alleine sind wir natürlich dafür zu schwach. Und das war eigentlich sozusagen das Aha-Erlebnis. Ohne das es, glaube ich, KIT nicht gegeben hätte. Und das war auch das erste Mal, dass wir wirklich ganz bewusst gesagt haben: „Das ist jetzt ein Thema, da wollen wir beide wirklich eine Rolle spielen. Das hätte man zehn Jahre vorher in der Mikrotechnik auch machen können, aber das ist damals unterblieben. Und da ist es passiert. Und das ist eine ganz wichtige Station sozusagen, weil es die Sicht der beiden Einrichtungen aufeinander beeinflusst hat, verändert hat. Da hat sich... sozusagen dieser nützliche Partner auf der anderen Seite hat sich plötzlich zu einem strategischen Partner entwickelt.*

Es entstand eine neue Qualität des Zusammenwirkens, aus der eine gemeinsame Zukunftsplanung erwachsen konnte. Im Vergleich zu den vorherigen Berufungen nach dem Karlsruher Modell fällt auf, dass beide Einrichtungen hier ein einheitliches Motiv zur Kooperation hatten: den Erfolg im wissenschaftlichen Wettbewerb um Fördermittel. Bis dahin waren die Beweggründe asymmetrisch und im Grunde wie bei einem Tausch gestaltet. Auf der einen Seite stand die Suche nach wissenschaftlichem Nachwuchs, auf der anderen der Wunsch nach Zugang zu besserer Ausstattung und Fördermitteln. Das Bewusstsein der neu erschlossenen Wirkungsmöglichkeiten im Verbund schuf die Grundlage für eine Partnerschaft auf Augenhöhe. Bis dahin hatten die Verhältnisse, unter denen am Zentrum Projekte der Großforschung betrieben wurden, eine solche Beziehung zu den vergleichsweise klein parzellierten Instituten des universitären Nachbarn nur bedingt ermöglicht.

Ähnliche Aufmerksamkeit wie das Institut für Nanotechnologie verdient eine nur wenig früher eingerichtete Kooperation von Forschungszentrum und Universität. 1996 kam man mit der organisatorischen Verschränkung der Rechenzentren einen großen Schritt an das Ziel heran, das Ende der 1960er Jahre unerreichbar geblieben war.[40] Zwar entstand auch jetzt noch kein gemeinsames Rechenzentrum, doch die technischen Möglichkeiten erlaubten nun eine Koppelung der Rechnerkapazitäten. Der im März 1996 geschlossene Kooperationsvertrag zur Schaffung des gemeinsamen *Virtuellen Re-*

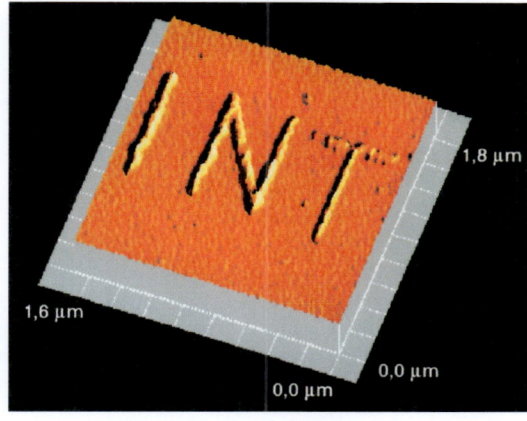

Abb. 23. Namenszug des Instituts für Nanotechnik auf einer Goldoberfläche, Aufnahme um 2000.

chenzentrums ging sogar noch weiter. Man einigte sich auf unterschiedliche Schwerpunkte: Die Hochschule konzentrierte sich auf Parallelrechner, und das Forschungszentrum betrieb die Vektorrechensysteme. Die Nutzer beider Einrichtungen konnten nun wählen, auf welchem System sie jeweils rechnen wollten. Beim Beginn des KIT-Prozesses im Jahr 2006 ermöglichte die vor Jahrzehnten begonnene und 1996 intensivierte Kooperation dann den schnellen, als Pilotprojekt der Fusion betriebenen Zusammenschluss beider Rechenzentren zum *Steinbuch Centre for Computing*.

Im Bereich der Meteorologie, der Umwelt- und der Nanowissenschaften sowie im kombinierten Betrieb der Rechenzentren sammelten Forschungszentrum und Universität ab den 1980er Jahren wichtige Erfahrungen zu den Möglichkeiten ihrer Zusammenarbeit, und es kam zu einer Annäherung von Zielvorstellungen. Dieser Prozess war eine Grundlage für die Idee einer Fusion beider Einrichtungen. Ähnlich wichtig dürfte aber die detaillierte Wahrnehmung der institutionellen Unterschiede gewesen sein, die sich mit der Zusammenarbeit ergab. Wie das Wissen um die Chancen war sicher auch die Kenntnis der bestehenden Hindernisse ein Faktor, der den Weg zur Gründung des Karlsruher Instituts erleichterte.

---

[40] KIT-Archiv, 28023, ohne Signatur: Jahresbericht des Rechenzentrums der Universität Karlsruhe (TH), 1996, passim.

6. Die Gründung des KIT

6.1 Entstehung einer Idee

Zwischen Forschungszentrum und Universität bestand eine starke, aber keineswegs exklusive Partnerschaft. Manfred Popp zieht im Interview die Parallele zu einem alten Ehepaar. Beide Partner hätten sich an die Nähe des anderen gewöhnt gehabt, auch wenn es hin und wieder zu kleineren Reibereien gekommen sei. Auch waren sich die langjährigen Partner mit der Zeit immer ähnlicher geworden. Zu den gemeinsamen Arbeitsgebieten kam eine Symmetrie sowohl der Budgets als auch der Mitarbeiterzahlen. Dennoch hatte man es nach wie vor mit zwei von ihrer Anlage her sehr unterschiedlichen Institutionen zu tun. Volker Saile, der zweite Nachfolger Erwin Willy Beckers in der Leitung des aus dem Institut für Kernverfahrenstechnik hervorgegangenen Instituts für Mikrostrukturtechnik, skizziert seine Differenzerfahrung beim Beginn der Karlsruher Tätigkeit sehr pointiert:

Als ich '98 aus den USA kam, gab es hier [am Forschungszentrum] noch Zäune drum herum. Stacheldrahtzäune, da gab es noch Hunde und das Ziel war nicht, möglichst viel zu publizieren, wie das heute ist, sondern möglichst wenig. Möglichst wenig Informationen rausgehen zu lassen und möglichst wenig Leute von außen reinkommen zu lassen. Ist genau das Gegenteil von dem, wie Wissenschaft an der Universität bewertet wird, ja? Und nun kann man die Zäune einreißen, aber in den Köpfen bleibt die. Diese völlig andere Mentalität. Und die hat natürlich ihre Berechtigung, diese Mentalität. Wenn ich ein Kernkraftwerk baue, dann ist das ein riesiges Projekt, wo ich nicht dauernd neue, krause Ideen verwirklichen kann, sondern ich muss über viele Jahre konsequent ein Projekt verfolgen – zum Beispiel der Schnelle Brüter war ein solches Projekt. Man muss ein Projekt verfolgen nach allen Regeln der Ingenieurskunst. Publikationen interessierten dabei überhaupt nicht. [...] Und diese Art von Geisteshaltung ist diametral entgegengesetzt der, nach der wir heute bewertet werden und auch eine Universität bewertet wird.[41]

[41] Anmerkung des Herausgebers: Die Stacheldrahtzäune waren eine behördlich geforderte Sicherheitsmaßnahme, da im Forschungszentrum nukleares Material lagerte. Im Zuge der thematischen Umorientierung des Zentrums wurden diese Sicherheitsmaßnahmen bald nach dem Beginn von Sailes Tätigkeit stark verringert. Der wissenschaftliche Austausch war von der räumlichen Abschirmung grundsätzlich nicht betroffen. Die an den großen Projekten des Zentrums beteiligten Ingenieure publizierten insgesamt weniger als die ebenfalls im Forschungszentrum tätigen Grundlagenforscher, was ein allgemeines Phänomen ist. Wesentliche Merkmale der entwickelten kerntechnischen Anlagen wurden jedoch veröffentlicht.

Abb. 24. Das erste Logo der 1995 gegründeten Helmholtz-Gemeinschaft.

Neben den institutionellen Unterschieden war für den erfahrenen Universitätsprofessor eine vom universitären Betrieb unterschiedene Mentalität der im Forschungszentrum tätigen Ingenieure spürbar. Dabei befand sich das Forschungszentrum seit Längerem in einem Prozess, der die vor Jahrzehnten geprägte Orientierung schon verändert hatte und durch neue Impulse für die staatlich finanzierte Großforschung noch verstärkt wurde. Im Jahr 1995 war aus der *Arbeitsgemeinschaft der Großforschungseinrichtungen* (AGF) die *Helmholtz-Gemeinschaft deutscher Forschungszentren* (HGF) und damit eine wesentlich festere Struktur gegründet worden.

An die Stelle einer losen Arbeitsgemeinschaft trat ein eingetragener Verein rechtlich selbstständiger Mitglieder. Dieser Zusammenschluss bildete die umfangreichste Wissenschaftsorganisation in Deutschland mit dem Forschungszentrum Karlsruhe als größtem Zentrum. Nach der Gründung der HGF veränderte sich auch die Arbeitsweise der einzelnen Zentren. Zum Jahr 2001 wurde das neue Konzept der Programmorientierten Förderung (PoF) eingeführt. Im Rahmen der PoF erfolgte eine Umstellung von zentrenorientierter Finanzierung zu Budgets für zentrenübergreifende Forschungsprogramme. Damit ging eine weitere Ausdehnung des Themenspektrums einher, eine Tendenz, auf die das Zentrum schon 1995 durch die Umbenennung in *Forschungszentrum Karlsruhe* reagiert hatte. Der Prozess der thematischen Umorientierung lag seit 1991 in den Händen des Vorstandsvorsitzenden Manfred Popp. Dieser war aus dem Hessischen Ministerium für Umwelt und Reaktorsicherheit ans Zentrum gekommen und sah seine Aufgabe darin, die Einrichtung im Verbund mit alten und neuen Partnern zu stärken. Dem neuen Weg, der weitgehend ohne Kernforschung beschritten werden sollte, bescheinigten verschiedene Perspektivkommissionen schon Anfang der 1990er Jahre Erfolgsaussichten. Das Forschungszentrum war in einem guten Zustand, als seine Arbeit 2005 erneut, diesmal innerhalb der HGF, evaluiert wurde. Beurteilt wurden dabei die Struktur und die betriebene Forschung.

Der damalige Rektor der Universität Horst Hippler war Mitglied der Evaluationskommission und hat folgende Erinnerung an deren Tätigkeit:

Gleichzeitig gab es die Perspektivkommission des Forschungszentrums, die die Entwicklung des Forschungszentrums für die nächsten 20 oder 30 Jahre begutachten sollte [...]. Das war sozusagen zeitgleich [mit der Exzellenzinitiative] im Jahre 2005. Und natürlich waren wir da in der engeren Diskussion auf Rektorats- und Vorstandsebene. Und es war uns auch klar, dass die Zusammenarbeit zu der Zeit zwischen Forschungszentrum und Universität ein hohes Gut ist [...]. Und wir wollten das natürlich in unserem Antrag [zur Exzellenzinitiative] auch so formulieren. Es war dann aber so, dass es eigentlich zwei Gründe für die Fusionsidee gab. Einmal die Entwicklung des Forschungszentrums: „Wo geht es denn wirklich hin?" Wie stellt man sich auf in einer Zeit, in der man nicht richtig wusste, wie es denn tatsächlich weitergeht – Kernenergie war ja nicht mehr. Das Forschungszentrum hatte sich gewandelt zu einer größeren Forschungseinrichtung. Da gab es die Diskussion: „Geht man Richtung Gesundheitsforschung, oder bleibt man im Bereich Technologien und Entwicklungen?" Für Gesundheitsforschung fehlt das medizinische Umfeld in Karlsruhe, also war man gezwungen, in Richtung Technologien und Entwicklungen zu gehen, was aber dann thematisch sehr nah an der Universität ist. Und in der Perspektivkommission hatte damals der Herr Popp gesagt, er könnte sich vorstellen, dass wir eigentlich hier in Karlsruhe das Potenzial hätten zu einem deutschen MIT. Das wurde in der Perspektivkommission zuerst belächelt. Dann haben wir erzählt, was wir schon gemeinsam machen, und dann wurde man hellhörig und hat uns in den Endbericht hineingeschrieben, dass diese Zusammenarbeit gestärkt werden sollte.

Es wurde also eine Empfehlung zur engeren Kooperation ausgesprochen. Eine Fusion der beiden Einrichtungen kam jedoch in den Überlegungen der Kommission noch nicht vor, auch wenn diese einen Denkanstoß dazu gab. Eindrucksvoll beschreibt Popp im Interview die Fragerunde der Evaluationskommission beim Vorstand des Zentrums. Nach Erkundigungen zu den Plänen und Zielen des Forschungszentrums folgte die Frage, an welchen Forschungsinstitutionen man sich in der Zukunft messen wolle. Popp hierzu:

„Ach", haben wir gesagt, „ETH Zürich oder MIT wäre uns schon recht. Darunter ist das eigentlich mit unserem Selbstbewusstsein nicht zu machen." Da haben die gesagt – und das war eine der Stationen [auf dem Weg zum KIT-Gedanken]: „Ist Euch schon mal aufgefallen, dass das al-

Abb. 25. Das Forschungszentrum Karlsruhe aus der Luft, Aufnahme 2002.

Abb. 26. Der Universitätscampus aus der Luft, Aufnahme 2007.

les Universitäten sind?" [schmunzelt] „Ja, das stimmt." Und da kamen
so die ersten Überlegungen – auch bei mir –, ob man dieses Dilemma,
diese Existenz der außeruniversitären Einrichtungen eben nicht auf der
programmatischen Seite löst, sondern indem man die Ursache beseitigt,
dass es eben gar nicht mehr außeruniversitär ist. Das ist so eine der Ge-
schichten, wo es sehr schwierig ist, auch nach, sagen wir mal, nach vielen
Jahren des Engagements innerhalb solcher Einrichtungen einfach so die-
se Mauer zu durchbrechen, die man im Kopf dann hat.

Es bedurfte jedoch einer weiteren Entwicklung, um das Gedankenspiel in
die Realität zu führen. Zur gleichen Zeit, in der das Forschungszentrum evaluiert wurde, schrieben Bund und Länder die Exzellenzinitiative aus. Diese
sollte die internationale Wettbewerbsfähigkeit der deutschen Universitäten
verbessern und die Spitzen im Universitäts- und Wissenschaftsbereich sicht-
barer machen.[42] Nachdem diese Initiative bereits im Jahr 2004 angekündigt
worden war, hatten die Verhandlungen von Bund und Ländern in der Frage der Föderalismusreform die Umsetzung verzögert. Am 18. Juli 2005 ei-
nigten sich Bund und Länder in der „BLK-Vereinbarung gemäß Artikel 91b
des Grundgesetzes (Forschungsförderung) über die Exzellenzinitiative des
Bundes und der Länder zur Förderung von Wissenschaft und Forschung an
deutschen Hochschulen" auf die Bereitstellung von Mitteln. Im August 2005
erfolgte die offizielle Ausschreibung des Programms. Als Spitze der Prämie-
rung sollten wenige Universitäten den Titel einer Exzellenzuniversität für
ein „Zukunftskonzept zum Ausbau universitärer Spitzenforschung" erhalten.
Um ein solches Zukunftskonzept einreichen zu können, waren Erfolge der
jeweiligen Universität in den beiden anderen Linien der Exzellenzinitiative,
bei der Förderung von Graduiertenschulen und von Exzellenzclustern Vor-
aussetzung. In der deutschen Hochschullandschaft verursachte dieser Wettbewerb große Bewegung. Die erste Bewerbungsrunde ließ den Interessenten
für die Abfassung der Anträge zu allen drei Förderlinien nur sehr wenig Zeit
bis Mitte Oktober 2005. Der erste Antrag wurde an der Universität vom Rektor, dem Kanzler und den Prorektoren für Struktur, Forschung und Lehre
in Zusammenarbeit mit den thematisch involvierten Professoren geschrieben. Im seinerzeit verfassten Antrag zur dritten Förderlinie war vom KIT
noch keine Rede. Auch wenn das Forschungszentrum noch nicht als Antrag-
steller beteiligt war, trug es doch schon zum Erfolg der Universität in der

[42] Gemeinsame Kommission der Deutschen Forschungsgemeinschaft und des Wissenschaftsrates zur
Exzellenzinitiative: Bericht der Gemeinsamen Kommission zur Exzellenzinitiative an die Gemein-
same Wissenschaftskonferenz, November 2008, in: http://www.gwk-bonn.de/fileadmin/Papers/GWK-
Bericht-Exzellenzinitiative.pdf (03.12.2012).

Vorrunde bei. Entscheidende Projekte in den Anträgen zu den ersten beiden Förderlinien gingen aus langjährigen Kooperationen zwischen Forschungszentrum und Universität hervor. Sowohl in der später genehmigten Graduiertenschule Karlsruhe School of Optics and Photonics (KSOP) als auch im Exzellenzcluster Funktionelle Nanostrukturen waren die Partner aus dem Forschungszentrum unverzichtbar. Mit Volker Saile war der Leiter eines von Forschungszentrum und Universität gemeinsam betriebenen Instituts an der geplanten Graduiertenschule beteiligt. Der Exzellenzcluster Funktionelle Nanostrukturen erwuchs aus dem gemeinsamen Forschungsschwerpunkt in der Nanotechnologie, der sich in den 1990er Jahren herausgebildet hatte. Der Vorstand des Forschungszentrums unterstützte den Antrag zur Exzellenzinitiative schon in der Vorrunde offiziell, auch wenn es zunächst ein rein universitärer Antrag war.

Am 20. Januar 2006 gab die gemeinsame Kommission von Deutscher Forschungsgemeinschaft (DFG) und Wissenschaftsrat die Ergebnisse der ersten Antragsrunde bekannt. Die Universität Karlsruhe erhielt die Aufforderung zum Vollantrag. Wieder galt eine kurze Frist von nur drei Monaten für die Vorlage und insbesondere die Ausarbeitung des Zukunftskonzepts, das der Universität den Titel Exzellenzuniversität und rund 80 Millionen Euro Fördergelder bringen sollte. Die nächsten Schritte mussten sorgsam bedacht und dann zügig eingeleitet werden. Strukturelle Ideen aus dem Antrag zur Vorrunde waren von den Gutachtern ausdrücklich gelobt worden. Dennoch suchte man im Vergleich mit den anderen Konkurrenten nach einem neuen überzeugenden Argument für die Karlsruher Bewerbung. Was könnte ein Alleinstellungsmerkmal sein, das Karlsruhe von allen anderen Bewerbern unterschied? Detlef Löhe, damals Prorektor für Forschung und federführend an der Ausgestaltung des Vollantrags beteiligt, erinnert sich an die Entstehung der KIT-Idee:

> *Als das grüne Licht kam, dann haben wir die Konkurrenzsituation analysiert. Wir haben also geguckt: „Welche Universitäten dürfen in der dritten Linie einen Vollantrag schreiben?" Und da haben wir uns eben ganz besonders die technischen Universitäten angeguckt. Das war die TU München und die RWTH Aachen. Und dann unsere Beurteilung, die ging etwa so, dass wir gesagt haben: „Na ja, die TU München, die können wir jederzeit schlagen, aber die RWTH Aachen, das ist schon ein schwieriger Brocken." Die haben eine ganz herausragende Position in Nordrhein-Westfalen, ein Riesenbudget und so weiter. Und so die anderen Unis, die haben uns nicht so sehr bekümmert, weil das ja eben doch ein anderer Charakter ist. Und dann haben wir unsere Skizze angeschaut und haben gedacht: „Das wird nicht reichen." Also gewogen und für zu leicht befun-*

den. Dann kam die Idee zum KIT, die im Wesentlichen in drei Köpfen entstand: Popp, Hippler und in meinem. Ich hatte ein weiterreichendes Modell, da waren Fraunhofer-Institute noch mit drin. Das hat man dann verworfen. Man hat gesagt, das wird einfach zu kompliziert. Und das war auch sicherlich richtig. Dann gab es also eine Sitzung, wo wir drei zusammensaßen und dann eben gesagt haben: „Das sollten wir tun."

Die Technischen Universitäten in Aachen und München waren also als einzige relevante Konkurrenten ausgemacht worden. Rektor Hippler betont im Interview die Originalität der Idee, eine Fusion von Forschungszentrum und Universität über die bisher etablierten Kooperationen hinaus anzustreben. Diese Idee war ein interessanter Schachzug: Keine andere Universität konnte im Exzellenzwettbewerb eine derart enge Kooperation mit einem unmittelbar benachbarten Forschungszentrum vorweisen. Zudem griff man mit diesem Vorschlag die Forderung des Wissenschaftsrats auf, außeruniversitäre Forschung enger mit den Universitäten zu verknüpfen. Hippler blickt auf diesen gedanklichen Weg und die erste Vorstellung der Idee in den Gremien von Forschungszentrum und Universität zurück:

Und dann haben wir uns gesagt: „Es sind drei Technische Universitäten im Wettbewerb verblieben, und es wird sehr unwahrscheinlich sein, dass es alle drei werden. Uns muss etwas einfallen […]." Und dann war die Idee: „Warum machen wir nicht etwas, was keiner nachmachen kann? Was haben wir für eine Situation, die andere nicht toppen können?" So kam der Gedanke: „Dann gehen wir doch tatsächlich zusammen und schlagen vor, das Forschungszentrum Karlsruhe mit der Universität zu fusionieren. Da wir eh schon so viel zusammen machen, dann können wir auch die außeruniversitäre Forschung mit der universitären Forschung enger verknüpfen." Und das ist genau das, was man in Deutschland eigentlich immer angeprangert hat – auch von der Seite des Wissenschaftsrats – dass die Forschungseinrichtungen, die wir in Deutschland haben wie Max-Planck, Helmholtz, Leibniz und Fraunhofer, ihr Eigenleben führen und dass die Forschung eigentlich auch an Universitäten gehört und dass das noch enger zusammenlaufen muss. Und das war eigentlich der Grund, dass wir gesagt haben: „Dann machen wir das und schlagen das hier in Karlsruhe doch einmal vor." Da hatten wir aber unser erstes Vorkonzept schon geschrieben gehabt. Wir haben das intern mit Herrn Löhe diskutiert, und wir waren dann davon begeistert und haben daraufhin den WTR [Wissenschaftlich-Technischen Rat des Forschungszentrums] und den Senat [der Universität] dazugebeten. Die haben dann darüber nachgedacht, und wir haben das Konzept geschrieben, in einer Nacht-

und Nebelaktion, sozusagen unser Vorkonzept komplett weggeschmissen und nur noch über diesen Fusionsprozess und über die Vorteile nachgedacht. Und damit sind wir dann angetreten. Und das war dann sehr überzeugend.

Die Abstimmung zwischen Rektor Hippler und dem Vorstandsvorsitzenden des Forschungszentrums Popp war hierbei von entscheidender Bedeutung. Beide kannten sich aus der Verwirklichung gemeinsamer Projekte wie dem Institut für Nanotechnologie und konnten gut zusammenarbeiten. Allerdings erschien die von der Universität vorgeschlagene Fusion für das Forschungszentrum durchaus nicht zwingend. Das Zentrum war aus der gerade angestellten Evaluation in der Helmholtz-Gemeinschaft gestärkt hervorgegangen. Trotzdem stieß das Projekt bei der Zentrumsseite auf Zustimmung. Manfred Popp nennt im Interview besondere Gründe, die aus seiner Sicht für die KIT-Idee sprachen:

Es war eine Sternstunde, die wir ergriffen haben. Da kommen bestimmte Dinge dazu, die das möglich gemacht haben, etwa die Erfahrung des Nanoinstituts. Ich zähle auch persönliche Konstellationen dazu. Dass bestimmte persönliche Konstellationen da sind, das liegt im Verhältnis auch von Hippler und mir damals begründet [...]. Also auch ein Vertrauensverhältnis, dass man sagt: „Mit dem kann ich das machen.“ Hängt sicher auch damit zusammen, dass ich 15 Jahre im Forschungszentrum war und dass da auch eine Vertrauensbasis da war. Dass es auch die Möglichkeiten gab, relativ schnell und sehr informell im Forschungszentrum die Frage zu kommunizieren. Wir haben das ja innerhalb von Tagen gemacht! [...] Es war mutig, aber es war eben auch einfach eine Chance, etwas ganz Neues zu machen und damit hier einen Sonderstatus zu erreichen. Das Schöne am KIT ist ja, dass es keiner nachmachen kann. Und das haben wir von Anfang an immer sehr deutlich gesagt, auch um ein bisschen für Ruhe zu sorgen: „Wir beanspruchen jetzt hier nicht, einen Modellfall zu gestalten, den andere unbedingt nachmachen sollen oder müssen.“ Das geht auch gar nicht. In der Form, wie wir das hier machen, ist das ein Unikat in Karlsruhe. Denn es gibt nirgendwo zwei Einrichtungen, die gleich groß sind, die ein so ähnliches Themenspektrum haben, die so eine gewachsene Kooperationsgeschichte haben, die so nah beieinander liegen. So eine Konstellation gibt es in Deutschland nicht entfernt nochmal.

Eine gute Ausgangslage und die Unterstützung in den Gremien von Forschungszentrum und Universität ermöglichten es, den Vollantrag für das Zukunftskonzept schnell auf eine neue Grundlage zu stellen, ohne schon Details zu kennen. Die genauere Ausgestaltung wurde wie in der Vorrunde von einem kleinen Team unter der Leitung von Detlef Löhe koordiniert. Diese enge Zusammenarbeit in der knappen Antragsfrist beanspruchte alle Beteiligten bis an ihre Grenzen. Löhe erklärt eindrucksvoll den Tagesablauf seines Teams während dieser Antragsphase:

Ich habe überlegt: „Was für ein Team brauchst du?" Und es war klar, um jetzt so ein Riesen-Team aufzubauen, wäre überhaupt nicht die Zeit gewesen. Also hat man ein ultrakleines Team gebaut. [...] Daraufhin gab es: Arbeiten, Essen und wenig Schlaf. Sonst gab es gar nichts. Und das von dem Moment an, als wir losgelegt hatten, bis der Antrag abgegeben war. Man hat eben bis in den Morgen rein gearbeitet, oft allein. Also der Austausch ging ja über Mails, völlig problemlos, es waren ja immer Texte. Es gab eigentlich nichts zu diskutieren. Also der Aufbau lag ja dann fest, der wurde dann am Anfang schon mal skizziert. Die Elemente waren klar. Es ging nur darum, sie zu kriegen und zu formatieren.

Der Umfang des Antrags durfte maximal 70 Seiten betragen. Viele Informationen wurden daraufhin in Fußnoten oder in einen Anhang gesetzt. Löhe beschreibt auch seine Aufgabe als oft fachfremder Lektor für die eingegangenen Beiträge und als Wächter über die Antragslänge:

Ich habe Vorgaben gemacht, wie lang die Beiträge sein sollten. Dann kamen die Beiträge in völlig unterschiedlicher Länge, meistens viel zu lang. Sie kamen zum Teil auf Deutsch, das hat dann Frau [Ursula] Holtfester übersetzt. Das waren nur wenige, aber immerhin. Und ich hab mich dann hingesetzt, obwohl das ja auch Gebiete waren, von denen ich nun wirklich nichts verstehe, und hab dann versucht zu erkennen: Was ist der Hauptfaden? Das ist aber manchmal ganz einfach, wenn man von außen guckt. Das sieht man dann eben eher wie ein Gutachter, und ich habe dann sozusagen den Hauptteil immer belassen als Haupttext und alles andere praktisch in Fußnoten reingesteckt [...].

Das Zukunftskonzept bestand letztendlich in einem Fließtext mit den Hauptelementen der KIT-Idee zu den Bereichen Forschung, Lehre und Innovation. Die bisherigen Aufgabenstellungen beider Einrichtungen sollten erhalten bleiben: die Funktion einer Universität des Landes Baden-Württemberg mit den beiden Schwerpunkten Lehre und Forschung sowie die Rolle eines nationalen Großforschungszentrums der Helmholtz-Gemeinschaft mit programmorientierter Forschung. Der Großforschungsbereich und der Universitätsbereich sollten sich aber mit neuen Strukturen und gemeinsamen Kompetenzfeldern gegenseitig ergänzen. Auch wenn es schon viele Kooperationen gab, wurde hier Neuland beschritten, vor allem dort, wo einer Zusammenarbeit, die über Einzelverträge zwischen Instituten der Universität und des Zentrums hinausging, Hindernisse entgegengestanden hatten. Neben einer Zusammenlegung der zentralen Organe zu Präsidium, Senat und Aufsichtsrat sollten neue, gemeinsame Einrichtungen geschaffen werden, wie etwa das House of Competence (HoC) und das Karlsruhe House of Young Scientists (KHYS). Mit den Rechenzentren waren auch die ältesten Kandidaten für ein Fusionsvorhaben zwischen Universität und Zentrum wieder dabei.

Die Exzellenzinitiative brachte eine neue konzeptionelle Dynamik in die langjährigen Beziehungen der beiden Einrichtungen. Für diese schwierige Aufgabe nutzte das Team um Löhe jede Minute der vorgegebenen Antragsfrist. Erst am Tag vor dem Abgabetermin konnte der Antrag gedruckt werden, und schließlich wurden zwei Boten nach Bonn zur DFG geschickt, um die Deadline ganz sicher einzuhalten. Darauf folgte wieder eine fast dreimonatige Pause, bis Anfang Juli 2006 eine Begehung durch die Gutachterkommission erfolgte. Die Belastungen der Antragsphase lagen noch auf Löhe, als er seine Rede vor den Gutachtern und etwa hundert Teilnehmern aus Universität und Forschungszentrum hielt. Er selbst sieht diesen wohl wichtigsten Vortrag im KIT-Prozess so:

> *Das war aber ein unglaublich guter Einstieg, denn es kam ein Riesenbeifall. Da war wirklich eine große Geschlossenheit. Und die hat dann auch getragen. Dann hatten wir insgesamt den Eindruck damals, dass wir unsere Chancen gewahrt hatten. Dass es vielleicht nicht wahnsinnig gut gelaufen ist, aber wir hatten den Eindruck: Es ist nicht schlecht gelaufen, wir haben unsere Chancen gewahrt.*

Nach diesem zentralen Termin blieben wiederum drei Monate des Abwartens.

6.2 Hindernisse und Anstrengungen bei der Durchsetzung

Den KIT-Prozess ohne seine Schwierigkeiten darzustellen, würde der Sache nicht gerecht. Die Idee zur Fusion des Forschungszentrums mit der Universität war an den Spitzen der beiden Einrichtungen entstanden. Normalerweise hätte ein solches Vorhaben einer behutsamen Vermittlung nach innen und außen bedurft, nicht nur deshalb, weil hier eine Landesuniversität mit einer vom Bund finanzierten Forschungseinrichtung verbunden werden sollte. Der enge Zeitrahmen des Exzellenzwettbewerbs ließ aber nur wenig Raum für ausführliche Diskussionen in den an Grundsatzentscheidungen zu beteiligenden Gremien, insbesondere dem Senat der Universität und dem Wissenschaftlich-Technischen Rat des Zentrums. Dass es dort zur kurzfristigen

Konsensbildung kam, war durchaus nicht selbstverständlich. Manfred Popp erklärt sich die Zustimmung mit den offensichtlichen Chancen, die das Projekt beiden Partnern bot:

Es hat zwar immer Einzelne gegeben, die damit nicht happy waren, aber die haben sich auch nicht besonders nach vorne gedrängt. Ich habe immer gewartet darauf, dass es mal eine richtig dicke Krise gibt. Die ist innerhalb dieses bisher drei Jahre laufenden Prozesses eigentlich nicht eingetreten. Was nicht sagt, dass es nicht noch welche geben kann. Es wäre komisch, wenn ein solcher Prozess ganz ohne solche Sachen ablaufen könnte, das kann eigentlich nicht sein. Aber ich glaube, es ist schon so, dass spontan alle Beteiligten in den beiden Einrichtungen einfach die große Chance gesehen haben [...]. Das ist schon eine attraktive Sache gewesen, wo alle gesagt haben: „Mensch, wirklich mal ein Schritt, wir überraschen alle anderen mit einer Geschichte, die jetzt wirklich auch keiner nachmachen kann." Es war von Anfang eine unheimlich attraktive Idee.

Eine größere Herausforderung war es, die beiden Träger der Universität und des Zentrums zu überzeugen. Eine grundsätzlich zustimmende Haltung des Ministeriums für Wissenschaft, Forschung und Kunst des Landes Baden-Württemberg hatten die Partner relativ schnell erlangen können. Beim Bund sah man den Fall anfangs nicht so einfach. Bevor die verfassungsrechtlichen Fragen geklärt waren, vermied man deshalb den Begriff der Fusion und sprach von einer Intensivierung der Zusammenarbeit im KIT. Rektor Hippler weist in diesem Zusammenhang auf den Aspekt der behördlichen Zuständigkeit für das neue KIT hin:

Es ging wirklich zuerst eher um Zuständigkeitsfragen. Wie das dann immer so ist: Sie sehen das ja immer wieder, dass wenn Veränderungen stattfinden sollen, dann sieht man in gewissen Bereichen die eigene Verantwortung schwinden und sagt sich: „Was mache ich dabei, was ist denn dann mein Job hinterher?" Also darin sehe ich ein gewisses Problem, das ist typisch menschlich. [...] Dazu muss man wissen, dass das Forschungszentrum Karlsruhe ja eigentlich fast noch ein bisschen größer war als [das Forschungszentrum] Jülich und damit einer der größten Brocken in der Helmholtz-Gemeinschaft. Es hat sich dann aber doch die Überzeugung durchgesetzt, dass wir in Karlsruhe vielleicht einiges erreichen können, was andere Einrichtungen und Organisationen alleine nicht schaffen.

Auch auf Bundesebene wuchs die Zustimmung zur KIT-Idee. Bald überwog die Sicht auf die Chancen der neuen Verbindung. Dennoch blieben Fragen der Zuständigkeit und verfassungsrechtliche Probleme lange bestehen und mussten erst in den Ministerien abgearbeitet werden. Bei Gesprächen, in denen das Forschungszentrum und die Universität für die Zustimmung zum KIT-Konzept warben, konnte immer wieder auf die bereits bestehenden Kooperationen verwiesen werden. Popp darüber, wie er die Idee des KIT beim Bund erklärte und schließlich Verständnis dafür fand:

> *Einige von den Beamten in Bonn haben dann auch wirklich gemerkt, dass es natürlich eine tolle Chance ist, auch für ihre eigene Profilierung, und haben dann doch angefangen, die ja nicht unbeträchtlichen rechtlichen und institutionellen Probleme zu lösen, die wir damals so eigentlich noch gar nicht alle vorhergesehen hatten. [...] Aber es war natürlich schon so, dass wir damals diesbezüglich noch ein bisschen naiver waren. Aber das ist auch notwendig, sonst würden solche größeren Ideen nie geboren.*

Detlef Löhe zeigt sich besonders beeindruckt von der Bearbeitung der rechtlichen Fragen, denen schließlich im KIT-Gesetz I Rechnung getragen wurde:

> *Die verfassungsrechtlichen Probleme, die da aufgetreten sind, auch die ganzen Fragen des Eigentumsübergangs, selbst die knifflige Frage der Unternehmereigenschaft des Großforschungsteils, die ja erstaunlicherweise auch noch gerettet werden konnte. Da haben die schon toll gearbeitet, muss man sagen. Da habe ich großen Respekt und große Anerkennung dafür, was die Beamten des Bundes, auch wenn sie anfangs von der Idee alles andere als begeistert waren, dann doch letzten Endes zustande gebracht haben. Das war alles nicht trivial. Da musste ja der Eigentumsanteil des Bundes auf das Land übertragen werden, und das war alles auch nicht so einfach. Und auch juristische Fragen, von denen ich vorher noch nie was gehört hatte, waren im Spiel. Weil das Forschungszentrum nun mal eine GmbH war, [...] da waren wahnsinnig komplizierte Geschichten zu lösen. Und irgendwie musste ja der Bundeseinfluss gesichert werden. Obwohl der Bund ja [...] institutionell an Universitäten eben nicht beteiligt sein darf. Das haben sie wirklich gut gelöst, und sie haben es [...] dann doch in der weitestgehenden Organisationsform, also doch der Fusion gemacht. [...] Wenn man genau hinsieht, ist es ja keine echte Fusion, sondern die beiden Bereiche sind ja nach wie vor identifizierbar. Und das müssen sie auch sein [...]. Aber es ist doch toll, dass sie [...] aus dem Modell rausgeholt haben, was rechtlich [...] überhaupt möglich ist.*

Anders als bei dem Projekt eines gemeinsamen Rechenzentrums Ende der 1960er Jahre zeigten sich die Ministerien im Zuge der Exzellenzinitiative bereit, die im Grundsatz ähnlichen Hindernisse anzugehen. Hatte man bei der

Entstehung der KIT-Idee auf verfassungsrechtliche Fragen zunächst nicht besonders geachtet, wurden diese bei der genaueren Konzeption des KIT nach dem Erfolg im Exzellenzwettbewerb sehr schnell sehr wichtig.

Für die weitere Entwicklung des KIT-Konzepts in der Antragsphase war eine ständige Abstimmung zwischen Forschungszentrum und Universität nötig, auch wenn es sich offiziell immer noch um einen alleinigen Antrag der Universität handelte. Besonders schwierig wurde diese Koordinationsaufgabe, als 2006 nicht nur Popps Amtszeit als Vorstandsvorsitzender endete, sondern auch der kaufmännische Vorstand des Zentrums Sigurd Lettow ans CERN nach Genf wechselte. Löhe berichtet von den Herausforderungen, die der Wechsel an der Spitze des Zentrums mit sich brachte:

Also im Moment, wo das Ganze einsetzte, war ja der Vorstand vom Forschungszentrum mit vier Kollegen besetzt: Herr Popp, Herr Lettow, Herr [Reinhard] Maschuw und Herr [Peter] Fritz. Und dann gab es da ja erhebliche Einschnitte, als eben Herr Lettow ins CERN gegangen ist und Herr Popp in Ruhestand gegangen ist. Dann waren es nur noch zwei: Herr Maschuw war kommissarischer Vorstandsvorsitzender – und das in dieser Situation. Das war also eine enorme Belastung. Dass das alles trotzdem lief, das ist [lacht] [...] auch im Rückblick ziemlich erstaunlich, und ich muss mir das selber, wo man jetzt ja die Ist-Situation so lebt, ins Gedächtnis zurückrufen, dass das ja wirklich so war. Zum Beispiel Herr Lettow war ein ganz herber Verlust. Er war kaufmännischer Vorstand, aber das war eine so fantastische Erfahrung, mit jemand zusammenzutreffen, der einen sofort versteht und einen auch bestmöglich unterstützt [...]. Also wenn wir dann [...] zum Ministerium gefahren sind wegen irgendwelcher Dinge, das war einfach unglaublich, wie er Gedanken aufnehmen und verarbeiten konnte. Und das war dann natürlich auch weg, und die anderen mussten das auffangen.

Auch wenn sich mit dem Personalwechsel im Vorstand des Zentrums eine zusätzliche Belastung ergab, war die KIT-Idee doch schon fest am Forschungszentrum verankert. Die Zustimmung des Wissenschaftlich-Technischen Rats und die Mitarbeit der Institutsleiter, die schon früher mit der Universität zusammengearbeitet hatten, sorgten für die nötige Kontinuität in der Übergangszeit. Mit Eberhard Umbach als neuem Vorstandsvorsitzenden des Zentrums wurde ein weiterer Unterstützer der KIT-Idee gewonnen. Die in der Bewerbungsphase vollzogenen personellen Veränderungen verstärkten die Spannung, mit der die Ergebnisse des Exzellenzwettbewerbs erwartet wurden.

6.3 Gewonnen! – Und nun?

Auch wenn schon Gerüchte über einen positiven Ausgang der Karlsruher Bewerbung kursierten, blieb die Ungewissheit doch bis zum letzten Moment
bestehen. Die auf den 13. Oktober 2006 angesetzte Verlautbarung zum Ausgang der Exzellenzinitiative betraf eine Vielzahl von Förderentscheidungen
an zahlreichen Universitäten. In der Spitzengruppe derjenigen, die den Titel
Exzellenzuniversität gewonnen hatten, erzeugte die Wahl Karlsruhes neben
den beiden Münchner Universitäten den wohl größten Überraschungseffekt.
Der Karlsruher Antrag mit der Idee der bis dahin kaum denkbaren Fusion
einer Landesuniversität und eines Forschungszentrums des Bundes hatte die
Kommission von DFG und Wissenschaftsrat überzeugt. Der von Rektor Hippler ausgeführte Freudensprung brannte sich in das Gedächtnis der Augen-
zeugen ein – die leider nicht existierende Fotografie davon wurde mehrfach
im KIT-Archiv geordert.

Der Bewilligungsbescheid zum Exzellenzantrag enthielt die Alternative, bis
Ende 2007 einen KIT-Vertrag zwischen Forschungszentrum und Universität
zu schließen oder die Exzellenz-Förderung zu verlieren. Für die Erfüllung
der Auflage gab es einigermaßen restriktive Leitlinien. Das am 21. November 2006 erstellte Eckpunktepapier des Bundesministeriums für Bildung und
Forschung, des Ministeriums für Wissenschaft, Forschung und Kunst Baden-
Württemberg, der Helmholtz-Gemeinschaft sowie des Forschungszentrums
und der Universität drückte insbesondere die Position der Ministerien aus.
Anstatt der von Forschungszentrum und Universität erstrebten Fusion war
darin von einer „strategischen Allianz unter dem Dach des KIT" die Rede. Die
gleichzeitig entworfene Perspektive auf eine weitergehende strukturelle Integration stand unter Prüfungsvorbehalt. Es bedurfte also noch grundlegender
Überzeugungsarbeit im Hinblick auf das eigentliche Ziel.

Beim Entwurf des künftigen KIT waren nicht allein die Leitungsorgane
und die gemeinsamen Infrastruktureinheiten zu gestalten. Der eigentliche
Hauptpunkt bestand in der Vernetzung der Forschung. Mit den in Helmholtz-
Programmen geförderten Arbeiten des Zentrums und den eher individuell
geprägten Aktivitäten der universitären Institute galt es, unterschiedliche
Grundmuster zu verbinden.

Im Frühjahr 2007 wurde die Gestaltung der zukünftigen Einheit zu einer von
beiden Fusionspartnern betriebenen Sache, nachdem das Zukunftskonzept
im Rahmen der Exzellenzinitiative vor allem Sache der Universität gewesen war. Rektorat und Vorstand entwickelten den Fusionsplan jetzt gemeinsam, unterstützt von einem großen Team interner und externer Mitarbeiter.
Detlef Löhe über die Wegmarken dieses Prozesses:

Abb. 27. Bekanntgabe der Ergebnisse des Exzellenzwettbewerbs im Senatssaal der Universität Karlsruhe (TH) am 13. Oktober 2006. Von links: Prof. Uli Lemmer, Prof. Martin Wegener, Prof. Horst Hippler, Prof. Manfred Popp, Prof. Detlef Löhe.

Und dann fing eigentlich erst die Auseinandersetzung mit dieser Idee an, jedenfalls am Campus Nord. Und es kam die Idee mit den Zentren und Schwerpunkten auf. [...] Und dann kam diese Idee, eine rein personenbezogene Sache zu machen, das Kompetenzportfolio, wo sich die Wissenschaftlerinnen und Wissenschaftler eben nur aufgrund ihrer Kompetenzen zuordnen. Und dann auf der anderen Seite die Bündelung von Projekten unterschiedlicher Größe und Provenienz – sei es ein Helmholtz- Programm, sei es eine SFB-Forschergruppe oder was auch immer, ein EU-Projekt – die dann thematisch verwandt eben in den Zentren und Schwerpunkten zusammenzufassen. In diesem Prozess ging das dann sehr in die Breite. Dann kam das KIT-Büro, dann natürlich, nicht zu vergessen, Boston Consulting Group, die da sehr geholfen hat. Also wenn man das vergleicht: Diese Phase, in der 170, 180 Leute gearbeitet haben, gegenüber dem kleinen Team der Vollantragsphase.

Unter Beratung durch die Boston Consulting Group wurde ein vom KIT-Projektbüro koordiniertes Team gebildet, das unter den Augen eines International Advisory Board und eines Lenkungsausschusses Hunderte von Einzelfragen klärte. Etwa 30 aus Mitarbeitern der Universität und des Zentrums gebildete Arbeitsgruppen entwickelten zu einzelnen Themenbereichen Lösungsvorschläge, die ab Februar auf einer Reihe gemeinsamer Klausurtagungen von Rektorat und Vorstand zusammen mit den Leitern des KIT-Büros und Vertretern der Boston Consulting Group diskutiert und entschieden wurden. Ende Mai 2007 gab es erstmals ein durchgestaltetes Konzept für das KIT, das bis zum Herbst die nötigen Abstimmungsprozesse mit den entscheidenden Gremien passierte. Der im Exzellenzantrag enthaltene Plan wurde damit substanziell erweitert.

Zu den größten Herausforderungen zählten die unterschiedlichen Arbeitsweisen und Selbstverständnisse von Wissenschaftlern und Verwaltungskräften in Forschungszentrum und Universität. Gerade im Kontakt auf operativer Ebene wurden Eigenheiten der jeweiligen ‚Unternehmenskultur' spürbar. Mit dem *Kompetenzportfolio* entstand im KIT eine Plattform, die Forscher mit ähnlichen Interessengebieten zusammenführt. Eine solche Kontaktzone für die Anbahnung von Kooperationen hatte es zuvor nur informell und in Teilbereichen gegeben.

Im Dezember 2007 wurde zwischen Forschungszentrum und Universität mit dem „Gründungsvertrag Karlsruher Institut für Technologie" fristgerecht die erste Binnenvereinbarung zur gemeinsamen Fortentwicklung geschlossen. Darin verpflichteten sich beide Partner, auf ein „Zusammenwachsen" hinzuarbeiten. Dieser Vertrag basierte noch auf dem Ausgangszustand von zwei getrennten Institutionen unterschiedlicher Rechtsform. Das über das Jahr hin erarbeitete Gesamtkonzept für das KIT war in diesem Vertragswerk nicht abgebildet.

Eben zu dieser Zeit signalisierten die Träger Bund und Land erstmals ihr Einverständnis mit der von den Karlsruher Partnern erstrebten Fusion. Im Jahr 2008 folgte die Entscheidung für die einheitliche Rechtsform des KIT als Körperschaft des öffentlichen Rechts nach baden-württembergischem Landesrecht bei gleichzeitiger Mitgliedschaft in der Helmholtz-Gemeinschaft. Diese Weichenstellung war ein Meilenstein in der Geschichte der beiden Einrichtungen. Die Ende der 1960er Jahre festgelegte Trennlinie war nun aufgehoben.

Das nun von allen Seiten verfolgte Ziel der Fusion in einer Körperschaft des öffentlichen Rechts erforderte eine Regelung auf Gesetzesebene. Bei der von den Ministerien in Bund und Land unter Einbeziehung des KIT geleisteten Arbeit an der Gesetzesvorlage waren schwierige verfassungsrechtliche Fragen zu klären, bis der Entwurf für ein „Gesetz zur Zusammenführung der Universität Karlsruhe und der Forschungszentrum Karlsruhe GmbH im Karlsruher Institut für Technologie" in das Parlament eingebracht werden

Abb. 28. Die Bundesministerin für Bildung und Forschung Annette Schavan und der baden-württembergische Minister für Wissenschaft, Forschung und Kunst Peter Frankenberg unterzeichnen am 30. Juli 2009 die Verwaltungsvereinbarung zur Fusion von Forschungszentrum und Universität. Im Hintergrund: Prof. Eberhard Umbach (links), Vorstandsvorsitzender des Forschungszentrums, und Prof. Horst Hippler (rechts), Rektor der Universität.

konnte. Der Stuttgarter Landtag verabschiedete das KIT-Gesetz am 8. Juli 2009, und am 25. Juli 2009 trat es in Kraft. Es beinhaltet eine weitgehende Fusion der nun als Großforschungsbereich und als Universitätsbereich bezeichneten Partner mit den gemeinsamen Zentralorganen Präsidium, Aufsichtsrat und KIT-Senat. Gleichzeitig werden auch die verfassungsrechtlich notwendigen Trennelemente vorgeschrieben, insbesondere die Scheidung der Finanzströme von Bund und Land und deren klare Aufteilung auf den Großforschungsbereich und den Universitätsbereich. Die den Gesetzgeber leitende Motivation ist dem Gesetzentwurf vorangestellt:

Mit diesem Gesetz soll das Karlsruher Institut für Technologie (KIT) als Körperschaft des öffentlichen Rechts nach baden-württembergischem Landesrecht errichtet werden. In ihm werden die Universität Karlsruhe und die Forschungszentrum Karlsruhe GmbH (FZK GmbH) in einheitlicher Rechtsform zusammengeführt. Mit dem KIT sollen die seit Jahrzehnten vorgegebene, aber zunehmend auch als trennendes Hindernis für den wissenschaftlichen Fortschritt erkannte „Versäulung" und das Nebeneinander von Universitäten und außeruniversitären Forschungseinrichtungen aufgebrochen und soweit möglich überwunden werden.

> *Durch diese erstmalige Fusion einer nationalen Großforschungseinrichtung mit einer großen technischen Forschungsuniversität soll die deutschlandweit größte Forschungs- und Lehreinrichtung entstehen.*[43]

Die hier beklagte „Versäulung" ist in diesem Band zu einem guten Teil mit jenen Schwierigkeiten beschrieben, die in den späten 1960er Jahren eine engere Zusammenarbeit von Forschungszentrum und Universität verhindert oder zumindest erschwert hatten. Das KIT-Gesetz war eine notwendige Grundlage für die wenige Tage später getroffene Verwaltungsvereinbarung zwischen dem Bund und dem Land Baden-Württemberg über die Fusion von Forschungszentrum und Universität.

Die so ermöglichte Einrichtung des Karlsruher Instituts für Technologie als Körperschaft des öffentlichen Rechts erfolgte zum 1. Oktober 2009. Auch wenn sich in den von der Fusion besonders betroffenen Bereichen bereits Routine eingestellt hat, wird die gegenseitige Annäherung von Großforschungsbereich und Universitätsbereich nach wie vor als Aufgabe empfunden. Mit weiteren gesetzlichen und verwaltungsrechtlichen Regelungen sieht das KIT einer Stärkung seiner Autonomie entgegen, insbesondere durch den Erwerb der Arbeitgeber- und der Dienstherreneigenschaft sowie durch eine vergrößerte Selbstständigkeit bei der Abwicklung von Baumaßnahmen. In ihrer Gesamtheit wird die als KIT-Prozess bezeichnete Fusion erst in einigen Jahren zum Abschluss kommen.

Die Zusammenschau der Geschichte von Forschungszentrum und Universität zeigt, dass die KIT-Gründung ein hohes Maß an Entschlusskraft und den Willen zur Überwindung starker Trennlinien erforderte. Deutlich wird aber auch, dass die Idee zur Fusion nicht aus kurzfristigem Kalkül entsprang. Sie fußte auf einem jahrzehntelangen Prozess der Annäherung beider Partner.

Die historische Betrachtung führt jedoch über die Erkenntnis der komplementären Momente der Tatkraft und der strukturellen Vorbereitung hinaus. Mit dem Blick auf die Entwicklungen, die Großforschungs- und Universitätsbereich seit ihren Gründungsjahren durchliefen, werden wesentliche Merkmale der neuen Partnerschaft besser verständlich: das Nebeneinander von großen und kleinen Einheiten, Freiheit der Themenwahl und langfristiger Zielorientierung, von produktiver Kontroverse und Koordination. Diese kontrastierenden Merkmale prägen das KIT.

---

[43] Landtag von Baden-Württemberg, 14. Wahlperiode: Drucksache 14/4600. http://mwk.baden-wuerttemberg.de/fileadmin/pdf/gesetze/Gesetzentwurf-Drucksache_14-4600.pdf (15.01.2012).

Ebenso wie eine angemessene Wahrnehmung des Partners hilft, eine fruchtbare Beziehung zu pflegen, kann die Erinnerung an das Vergangene auch als Ansporn zu weiterer Entwicklung dienen. Wer gesehen hat, wie sehr die frühe Kooperation der später im KIT vereinigten Partner von persönlicher Initiative und Improvisationsfähigkeit abhing, dem mögen die Leistungen vergangener Jahrzehnte als Prüfmarke für die kreativen Energien erscheinen, die auch im KIT stets neu zu entfalten sind.

7. Anhänge

7.1 Literaturverzeichnis

Vollständige Formen gekürzter Nachweise finden sich am alphabetischen Ort der Kurzform.

10 Jahre Kernforschungszentrum Karlsruhe, hg. v. d. Gesellschaft für Kernforschung mbH Karlsruhe, 1966.

Albrecht, Helmut: Technische Bildung zwischen Wissenschaft und Praxis. Die Technische Hochschule Braunschweig 1862-1914, Diss. Univ. Tübingen, 1987 (Veröffentlichungen der Technischen Universität Carolo-Wilhelmina zu Braunschweig 1).

(Anon.): Entwicklung der Technischen Hochschule von der Gründung bis zur Gegenwart, 1825- 1892, in: Festgabe, S. VII-XCII.

Becker, Erwin Willy: Zwischen Universität und Forschungszentrum. Vorgeschichte und Geschichte meiner naturwissenschaftlichen Tätigkeit, 2008.

Borst, Otto: Schule des Schwabenlands. Geschichte der Universität Stuttgart, 1979.

Düwell, Kurt: Gründung und Entwicklung der Rheinisch-Westfälischen Technischen Hochschule Aachen bis zu ihrem Neuaufbau nach dem Zweiten Weltkrieg. Darstellung und Dokumente, in: Rheinisch-Westfälische Technische Hochschule Aachen 1870/1970, hg. v. Hans Martin Klinkenberg, Bd. 1, 1970, S. 19-176.

Zur Geschichte der Karlsruher **Fakultät** für Informatik, hg. v. Klaus Nippert, 2007 (= Veröffentlichungen aus dem Universitätsarchiv Karlsruhe 2).

Festgabe zum Jubiläum der vierzigjährigen Regierung des Grossherzogs Friedrich I. von Baden, hg. v. d. Technischen Hochschule in Karlsruhe, 1892.

Festschrift zum zehnjährigen Bestehen des Rechenzentrums der Universität Karlsruhe, hg. v. Rechenzentrum der Universität Karlsruhe, (1977).

Die **Fridericiana** 1963. Gedanken und Bilder aus einer Technischen Hochschule. Hans Freudenberg zum 75. Geburtstag, hg. v. Otto Kraemer, Klaus Lankheit, Rolf Lederbogen und Johannes Weissinger, 1963.

Fridericiana. Zeitschrift der Universität Karlsruhe 1-67 (1967-2007).

Gleitsmann-Topp, Rolf-Jürgen: Im Widerstreit der Meinungen. Zur Kontroverse um die Standortfindung für eine deutsche Reaktorstation (1950-1955). Ein Beitrag zur Gründungsgeschichte des Kernforschungszentrums Karlsruhe und zu einem Kapitel deutscher Kernenergiegeschichte, 1986 (Kernforschungszentrum Karlsruhe 4186).

Grashof, Franz: Ueber die der Organisation von polytechnischen Schulen zu Grunde zu legenden Principien, in: Zeitschrift des Vereines Deutscher Ingenieure 8 (1864), Sp. 591-616.

Guggenbühl, Gottfried: Geschichte der Eidgenössischen Technischen Hochschule in Zürich. Im Überblick dargestellt, in: Eidgenössische Technische Hochschule. École Polytechnique Fédérale. 1855-1955, 1955, S. 1-257.

Hermann, Armin: Karl Wirtz – Leben und Werk. „Eine weit überragende physikalische Begabung", 2006.

Die Technische **Hochschule** Fridericiana Karlsruhe. Festschrift zur 125-Jahrfeier, hg. unter d. Rektorat v. Ernst Terres, 1950.

Die k.k. Technische **Hochschule** in Wien 1815-1915. Gedenkschrift, hg. v. Professorenkollegium, redigiert v. Joseph Neuwirth, 1915.

Die k.k. deutsche technische **Hochschule** in Prag 1806-1906. Festschrift zur Hundertjahrfeier, hg. v. Franz Stark, 1906.

Hoepke, Klaus-Peter: Geschichte der Fridericiana. Stationen in der Geschichte der Universität Karlsruhe (TH) von der Gründung 1825 bis zum Jahr 2000, hg. v. Günther Grünthal, Klaus Nippert u. Peter Steinbach, 2007 (= Veröffentlichungen aus dem Universitätsarchiv Karlsruhe 1).

Hotz, Joachim: Kleine Geschichte der Universität Fridericiana zu Karlsruhe (Technische Hochschule), hg. v. Rektor und Senat der Universität Karlsruhe (Technische Hochschule), 1975.

Jelinek, Carl: Das ständisch-polytechnische Institut zu Prag in seiner Entwicklung aus der ehemals bestandenen Ingenieurschule, in: Das ständisch-polytechnische Institut zu Prag. Programm zur fünfzigjährigen Erinnerungs-Feier an die Eröffnung des Institutes, 10. November 1856, redigiert von Carl Jelinek,1856, S. 3-116.

König, Wolfgang: Technical education and industrial performance in Germany: a triumph of heterogeneity, in: Education, technology and industrial Performance in Europe, hg. v. Robert Fox u. Anna Guagnini, 1850-1939, 1993, S. 65-87.

Ders.: 100 Jahre „Dr.-Ing.". Ein „Ritterschlag der Wissenschaft". Das Promotionsrecht der Technischen Hochschulen und der VDI Verein Deutscher Ingenieure. Festschrift des VDI zum 100-jährigen Jubiläum der Verleihung des Promotionsrechts durch den preußischen König Wilhelm II. im Jahre 1899, 1999.

Körting, Klaus u. Lehmann, Walter M.: 25 Jahre Kernforschungszentrum Karlsruhe. 1956-1981, 1981.

Gemeinsame **Kommission** der Deutschen Forschungsgemeinschaft und des Wissenschaftsrates zur Exzellenzinitiative: Bericht der Gemeinsamen Kommission zur Exzellenzinitiative an die Gemeinsame Wissenschaftskonferenz, 2008, in: http://www.gwk-bonn.de/fileadmin/Papers/GWK-Bericht-Exzellenzinitiative.pdf (03.12.2012).

Kulisch, Ulrich: Die Anfänge des Rechenzentrums und der Informatik an der Universität Karlsruhe, in: Fridericiana. Zeitschrift der Universität Karlsruhe 59 (2002), S. 25-40.

Lang, Heinrich: Geschichte der Gründung der Technischen Hochschule, in: Festgabe, S. 267-289.

Lockemann, Peter: Zur Entwicklung der Karlsruher Fakultät für Informatik (1977-2002), in: Zur Geschichte der Karlsruher **Fakultät** für Informatik, S. 71-99.

Manegold, Karl-Heinz: Universität, Technische Hochschule und Industrie. Ein Beitrag zur Emanzipation der Technik im 19. Jahrhundert unter besonderer Berücksichtigung der Bestrebungen Felix Kleins. Berlin 1970 (= Schriften zur Wirtschafts- und Sozialgeschichte 16).

Marth, Willy: Der Schnelle Brüter SNR 300 im Auf und Ab seiner Geschichte, 1992 (Kernforschungszentrum Karlsruhe 4666).

Ders.: Die Geschichte von Bau und Betrieb des deutschen Schnellbrüter-Kernkraftwerks KNK II, 1993 (Kernforschungszentrum Karlsruhe 5155).

Neumeier, Gerhard: Vom Polytechnikum zur Universität (TH), in: Die Technische **Universität**, S. 11-61.

Nippert, Klaus: Zur Gründung der Karlsruher Fakultät für Informatik, in: Zur Geschichte der Karlsruher **Fakultät** für Informatik, S. 7-70.

Oetzel, Günther: Forschungspolitik in der Bundesrepublik Deutschland. Entstehung und Entwicklung einer Institution der Großforschung am Modell des Kernforschungszentrums Karlsruhe (KfK). 1956-1963, Diss. Univ. Karlsruhe, 1996 (Europäische Hochschulschriften 3/711).

Organisationsstatut der polytechnischen Schule, 20.01.1865, in: Großherzoglich Badisches Regierungs-Blatt, 20.02.1865, S. 85-92.

Pabst, Martin: Technische Universität München – Geschichte eines Wissenschaftsunternehmens, Bd. 1, 2006.

Life and Letters of William Barton **Rogers**, hg. v. Emma Rogers, Bd. 2, 1896, Neudruck 2010.

Rürup, Reinhard: Die Technische Universität Berlin 1879-1979. Grundzüge und Probleme ihrer Geschichte, in: Wissenschaft und Gesellschaft. Beiträge zur Geschichte der Technischen Universität Berlin 1879-1979, hg. v. Reinhard Rürup, 1979, Bd. 1, S. 3-47.

Schnabel, Franz: Die Anfänge des technischen Hochschulwesens, in: Festschrift anläßlich des 100jährigen Bestehens der Technischen Hochschule Fridericiana zu Karlsruhe, 1925, S. 1-44.

Scholl, Lars U.: Die Entstehung der Technischen Hochschulen in Deutschland, in: Handbuch Schule und Unterricht, Bd. 7,2: Gesellschaft, Umwelt, Schule und Unterricht als Feld interdisziplinärer Forschung, hg. v. W. Twellmann, 1985, S. 700-715.

Seidl, Tobias: Personelle Säuberungen an der Technischen Hochschule Karlsruhe 1933-1937, in: Zeitschrift für die Geschichte des Oberrheins 157 (N.F. 118) (2009), S. 429-492.

Sperling, Peter: Geschichten aus der Geschichte. 50 Jahre Forschungszentrum Karlsruhe. Bereit für die Zukunft, hg. v. Forschungszentrum Karlsruhe in der Helmholtz-Gemeinschaft, 2006.

Umweltforschung – Umwelttechnik. Forschungsvorhaben 1993 und 1994, hg. v. Forschungsschwerpunkt Umwelt Karlsruhe (FUM), 1993.

Die Technische **Universität** an der Schwelle zum 21. Jahrhundert. Festschrift zum 175jährigen Jubiläum der Universität Karlsruhe (TH), hg. v. Heinz Kunle u. Stefan Fuchs, 2000, S. 11-61.

Das **Unterrichtswesen** im Deutschen Reich. Aus Anlaß der Weltausstellung von St. Louis hg. v. W. Lexis, Band 4: Das Technische Unterrichtswesen, 1904.

Wirtz, Karl: Im Umkreis der Physik, 1988.

Gemeinsame **Wissenschaftskonferenz** (GWK): Gemeinsame Berufungen von leitenden Wissenschaftlerinnen und Wissenschaftlern durch Hochschulen und außeruniversitäre Forschungseinrichtungen. Bericht und Empfehlungen der Ad-hoc-Arbeitsgruppe „Gemeinsame Berufungen", vom Ausschuss der Gemeinsamen Wissenschaftskonferenz am 16. September 2008 verabschiedet, 2008 (Materialien der GWK 2).

Zitzelsberger, Wulf: Universität Karlsruhe (TH). Bilder, Texte, Zahlen, [1972].

Zweckbronner, Gerhard: Ingenieurausbildung im Königreich Württemberg. Vorge-
schichte, Einrichtung und Ausbau der Technischen Hochschule Stuttgart und ihrer
Ingenieurwissenschaften bis 1900 – Eine Verknüpfung von Institutions- und Dis-
ziplingeschichte, hg. v. Landesmuseum für Technik und Arbeit in Mannheim, 1987
(= Technik und Arbeit. Schriften des Landesmuseums für Technik und Arbeit in
Mannheim 2).

7.2 Quellen im KIT-Archiv

Bestand 21001 Hochschulverwaltung

Nr. 66: Gesellschaft zur Pflege wissenschaftlicher Kontakte „Heinrich Hertz",
1966-1971.

Nr. 1179: Aufsichtsrat der Gesellschaft für Kernforschung m.b.H. Karlsruhe, Band 1,
1964-1968.

Bestand 21002 Universitätsverwaltung I

Nr. 68: Vorschlag des Forschungszentrums Umwelt (FZU) bei der Kommission „Forschung Baden-Württemberg 2000", 1988-1990.

Nr. 376: Verein Gastdozentenhaus, Band 1, 1962-1977.

Nr. 575: Koordinierungsausschuss für die Zusammenarbeit zwischen Universität
und Kernforschungszentrum, Band 1, 1964-1974.

Nr. 707: Forschungszentrum für Umweltforschung und -technik FZU, 1988-1993.

Bestand 21011 Personalakten

Nr. 713: Smidt, Dietrich, 1953-1998.
Nr. 724: Seelmann-Eggebert, Walter, 1958-1988.
Nr. 957: Schoch, Arnold, 1965-1971.
Nr. 997: Wirtz, Karl, 1957-1994.

Bestand 21013 Promotionsakten

Findmittel, passim.

Bestand 27062 Nachlass Gerhard Krüger

Nr. 166: Memorandum über ein gemeinsames Rechenzentrum der Universität und
des Kernforschungszentrums Karlsruhe, März 1969.

Bestand 28012 Sammlung Sonstige Einrichtungen der Institution

Nr. 34: Adolf Schreiner: Aus meiner Zeit am Rechenzentrum der Universität Karlsruhe, 2010.

Bestand 28021 Sammlung Berichte und Reden der Leitungsorgane

Forschungs- und Entwicklungsprogramme mit Tätigkeitsberichten der Gesellschaft
für Kernforschung mbH Karlsruhe, 1964-1977.

Forschungs- und Entwicklungsprogramme mit Tätigkeitsberichten der Kernforschungszentrum Karlsruhe GmbH, 1978-1994.

Forschungs- und Entwicklungsprogramme mit Tätigkeitsberichten des Forschungszentrums Karlsruhe – Technik und Umwelt, 1995-2003.

Jahresberichte des Rechenzentrums der Universität Karlsruhe (TH), 1978-1998.

Bestand 28503 Sammlung Tondokumente

Siehe 7.3 Verzeichnis der Interviews.

Zugang 24/06

Nr. 7, 17, 21, 25: Akten und Arbeitsberichte des Forschungszentrums Umwelt, 1986-2005.

7.3 Verzeichnis der Interviews

Gesprächspartner	Datum	Nachweis
Prof. Dr. Franz Fiedler	28.01.2010	KIT-Archiv, 28503, 134
Prof. Dr.-Ing. Georg Bretthauer	08.02.2010	KIT-Archiv, 28503, 133
Prof. Dr. Arno Gahrmann	17.04.2009	KIT-Archiv, 28503, 115
Prof. Dr. Hans-Henning Hennies	01.12.2009	KIT-Archiv, 28503, 135
Prof. Dr. Dr. h.c. Horst Hippler	21.01.2010	KIT-Archiv, 28503, 136
Prof. Dr.-Ing. Dr. h.c. Günther Kessler	16.12.2009	KIT-Archiv, 28503, 137
Prof. Dr. Dr. h.c. Wolfgang Klose	04.12.2009	KIT-Archiv, 28503, 138
Prof. Dr. Peter Komarek	09.12.2009	KIT-Archiv, 28503, 139
Prof. Dr. Oliver Kraft	21.12.2009	KIT-Archiv, 28503, 140
Prof. Dr. Ulrich Kulisch	12.05.2009	KIT-Archiv, 28503, 122
Prof. Dr. Dr. h.c. Heinz Kunle	27.01.2010	KIT-Archiv, 28503, 141
Prof. Dr.-Ing. Detlef Löhe	21.02.2010	KIT-Archiv, 28503, 142
Prof. Dr. Hilbert von Löhneysen	03.02.2010	KIT-Archiv, 28503, 147
Dr.-Ing. Timo Mappes	21.02.2010	KIT-Archiv, 28503, 143
Prof. Dr. Manfred Popp	14.12.2009	KIT-Archiv, 28503, 144
Prof. Dr. Volker Saile	13.01.2010	KIT-Archiv, 28503, 145
Prof. Dr.-Ing. Willi Schönauer	23.03.2009	KIT-Archiv, 28503, 127
Prof. Dr. mult. Herwig Franz Schopper	19.05.2009	KIT-Archiv, 28503, 128
Prof. Dr.-Ing. Dr.-Ing. eh. Dr. h.c. mult. Sigmar Wittig	15.01.2010	KIT-Archiv, 28503, 146

7.4 Bildnachweis

Nicht alle Inhaber von Bildrechten konnten ermittelt werden. Berechtigte werden gebeten, sich zur Erlangung einer Vergütung mit dem KIT-Archiv in Verbindung zu setzen. Kontaktadressen: Kaiserstr. 12, 76131 Karlsruhe, Nippert@kit.edu.

Abb.-Nr.	Nachweis	Urheber (soweit bekannt)
1	KIT-Archiv, 28015, 1	
2	KIT-Archiv, 28010, Pr 93	
3	KIT-Archiv, 28010, Pw 92	
4	KIT-Archiv, 28010, B 354	
5	KIT-Archiv, 28010, Wi 34	Foto Bauer/Karlsruhe
6	KIT-Archiv, 28010, B 278	
8	KIT-Archiv, 28010, 1968	
9	KIT-Archiv, 28010, 513	
10	KIT-Archiv, 28010, 4212	
11	KIT-Archiv, 28010, 2826	
13	KIT-Archiv, 28010, 516	
14	KIT-Archiv, 28010, Pb 148	
15	KIT-Archiv, 28010, O 139	
16	KIT-Archiv, 27073, 27	Fidelitas Foto/Karlsruhe
17	KIT-Archiv, 27073, 7	Standard Elektrik Lorenz
18	KIT-Archiv, 28010, 3762	
19	KIT-Archiv, 10/09, 14	
20	KIT-Archiv, 28010, 4024	
21	KIT-Archiv, 28010, I 3	Skowronek
22	KIT-Archiv, 28010, F 287	Thilo Mechau/Karlsruhe
23	KIT-Archiv, 28010, 2168	
25	KIT-Archiv, 28010, 3326	
26	KIT-Archiv, 28010, L 34	Peter Sandbiller/Karlsruhe

27   KIT-Archiv, 28010, O 17   Gabi Zachmann/Berghausen
28   Artis (Uli Deck)/Karlsruhe